U0502709

EBERS

翻 开 生 命 新 篇 章

无法

告别

[日]村上阳一郎 著

陈令娴 译

日本的安乐死
与临终哲学

科学普及出版社
·北京·

图书在版编目（CIP）数据

无法告别：日本的安乐死与临终哲学 / (日) 村上阳一郎著；陈令娴译. —北京：科学普及出版社, 2023.1

ISBN 978-7-110-10496-5

Ⅰ. ①无… Ⅱ. ①村… ②陈… Ⅲ. ①安乐死—研究—日本②临终关怀—医学伦理学—研究—日本 Ⅳ. ① C913.9 ② R48 ③ R-052

中国版本图书馆 CIP 数据核字 (2022) 第 151459 号

著作权合同登记号：01-2022-5268

SHINENAI JIDAI NO TETSUGAKU by MURAKAMI Yoichiro
Copyright © 2020 MURAKAMI Yoichiro
All rights reserved.
Original Japanese edition published by Bungeishunju Ltd., in 2020.
Chinese (in simplified character only) translation rights in PRC reserved by China Science and Technology
Press Co., Ltd., under the license granted by MURAKAMI Yoichiro arranged with Bungeishunju Ltd., Japan
through East West Culture & Media Co., Ltd., Japan.

策划编辑	王　微
责任编辑	方金林
装帧设计	佳木水轩
责任印制	徐　飞

出　　版	科学普及出版社
发　　行	中国科学技术出版社有限公司发行部
地　　址	北京市海淀区中关村南大街 16 号
邮　　编	100081
发行电话	010-62173865
传　　真	010-62179148
网　　址	http://www.cspbooks.com.cn

开　　本	880mm×1230mm　1/32
字　　数	89 千字
印　　张	6.5
版　　次	2023 年 1 月第 1 版
印　　次	2023 年 1 月第 1 次印刷
印　　刷	运河（唐山）印务有限公司
书　　号	ISBN 978-7-110-10496-5/C·105
定　　价	58.00 元

内容提要

　　随着"婴儿潮一代"（1945—1965年出生的日本人）进入"超高龄社会"，日本迎来了一个"无法告别"的时代，人们是否能主动"迎接"死亡，活得有尊严，"走得"也有尊严？生死观、安乐死、尊严死、缓和医疗……我们了解过多少？医学越来越发达，平均预期寿命也越来越长，人类是否"离死亡越来越远"？

　　高龄与长寿是现代生活及医学发展的贡献之一，医学进步改变了医患之间的关系，"健康"的定义也随之改变。建立生死观，是安乐死、尊严死背后的价值基础。坦然面对生死，轻松告别，曾经是再平常不过的事。在六只眼睛（本人、照顾者与医生）的注视下，人人都应认真思考临终问题，从而为自己铺就一条善终大道。

　　科学哲学泰斗村上阳一郎从自身经历出发，以日本长寿社会为借鉴，带我们领略各种文化中的生死观，深入思考安乐死、缓和医疗的哲学意义。

生命延长、难以告别，既是长寿者的幸运，也是不幸？

人终有一死，如何向死而生，跨过人生的最终关？

如果人人长寿，余下的时间应该如何度过？

重病缠身，久治不愈，累及家人，应该如何面对？

面对至亲好友即将死亡，心态该如何调整？

在家度过晚年的独居老人，如何面对活着的压力？

从现在开始建立生死观，或许是解决这一问题的开始。

目　录

开 篇

无法告别的时代

因长寿而改变的民众意识

日本是世界上数一数二的长寿国家，根据世界卫生组织（World Health Organization，WHO）在 2018 年发表的调查结果，日本男女国民合计平均寿命为 84.2 岁，领先于全球其他国家及地区。

日本人之所以长寿的原因有很多，包括供排水系统等基础设施的完善、交通事故死亡人数降低等。不过国民平均寿命领先全球，也可以说是因为日本在医疗条件上处于优势。

先不论日本国民对当前的医疗条件是否满意，

根据世界卫生组织等机构进行的各类调查结果，我们可以发现，日本医疗过去在国际上的评价也很优秀。我之所以会说"先不论"，是因为日本的社会研究发现，民众普遍对医疗现状不甚信赖和满意。

过去的医疗，最大目的是拯救患者性命，全力以赴地延长患者的寿命。然而，当社会制度改变，医疗质量不断提升后，日本这个数一数二的长寿国家却面临着民众价值观的陡然改变。

我曾在《"死亡"临床学》一书中以粗陋的语言形容现代日本社会是个"想死却死不了的社会"。

放眼全球，人类依然是传染病的"手下败将"，前所未见的病原体依然很可能或极可能穿越国界入侵我们的国家。防疫与开发疫苗等许多工作还有待众人努力，片刻不得松懈。尽管如此，由于医学的进步，现代日本社会处于青壮年时期的国民，几乎不会因为细菌或病毒感染而突然病亡。虽然人类的寿命没有明确的定义，但目前许多人的生活状态是与"生活方式病"共存，一步步迈向死亡，也就是说，都在因衰老而自然死亡。

在这种环境下，竟然孕育出了一种新的结果——"想死却死不了"，倒也真是讽刺；但更为讽刺的是，人们难以自然死亡，甚至被迫"死得不自然"。

抱怨长寿的时代

应该有读者听说过 20 世纪 90 年代在日本大卖 200 多万册的畅销书《大往生》，书中收录了作者永辅六关于"老、死、病"的名言。该书的出版方岩波新书以前是严肃的学术型出版社，也因此引发了一波讨论。

2016 年，佐藤爱子又出版了一部畅销书《90 岁有什么可喜可贺的》。相较于恭喜对方寿终正寝的《大往生》，后一本书对长寿的态度有着天壤之别。佐藤爱子原本就是当红作家，我也很敬佩她年过九旬还能坚持提笔写作。这本书之所以能售出上百万册，想必是因为书名直接驳斥了日本过去的长寿观念，道出了部分现代人的心声。

　　2019 年 3 月，一名住在福冈市的 116 岁日本女性，被世界吉尼斯纪录认证为全球在世的最高龄者。这则新闻在报纸上的版面很小。顺带一提，上一位长寿纪录保持者也是一名横滨市的 117 岁日本女性；再之前还是日本人，鹿儿岛县的 117 岁女性。然而，我不记得这两件事引起过什么话题。

坐在长椅上的日本老人

过去，日本著名的寿星泉重千代吸引了大批游客去她家参观，而另一对长寿双胞胎姐妹"金银婆婆"还因为人气高涨成了广告代言人。相较于那个长寿就能上新闻的时代，现在的媒体已经不再追逐全球最高龄者的话题。家母过世时也有 106 岁高龄，但一般人听了只会说"真是高寿啊"，倒也不会特别惊讶。

太过漫长的余生

人们对死亡一事形成了"总也死不了"的普遍观念，这种观念对今后的日本社会将会逐渐产生诸多负面影响。

2007 年，日本 65 岁以上人口占总人口的比例突破 21%，领先于全球，提前进入"超高龄社会"。

今后，高龄人口占总人口的比例只会继续增加，2015 年时约为三成，预计到 2060 年时约为四成。这自然是因为人口不断减少，尤其是年轻人群特别稀少，即生育率降低带来的严重后果。

　　或许是由于担心超高龄社会的未来，各大媒体几乎每周都会以专题报道形式来介绍"养老金制度崩溃""老后破产"等话题，更是导致社会人心惶惶。然而，日本现有的各类福利制度，的确是无法应付现在的长寿社会的。

　　2019年，日本金融厅^①的金融审议市场工作小组公布一份报告，表示"除了政府发放的养老金之外，退休后仍需2000万日元^②才能继续生活30年"。这份报告引发轩然大波，当时又正逢选举前夕，时任财务大臣的麻生太郎甚至拒绝接收报告。不过，过去制定社会福利制度时并未思考过人类未来竟然会如此长寿，报告的结论可说是"理所当然"。养老金制度是根据过往的常识制定的。今后"死不了"的人日益增加，要求养老金制度有效运作，这本身就是

① 译者注：日本金融厅（Financial Services Agency，FSA）是负责监督银行、证券交易、保险以确保日本金融体系稳定的政府机构。它还负责监督证券交易监督委员会、会计师事务所和审计监督委员会。
② 译者注：约合100万元人民币。

不合理的要求。这应该是众所周知的事实。我认为，麻生太郎要是能正面思考，收下这份报告，当作是向日本国民抛出的问题，请民众一同思考、讨论就好了。

日本人，尤其是中老年男性都很喜欢弗兰克·辛纳屈（Frank Sinatra）的歌曲《我走我的路》（*My Way*）。我从没去过卡拉 OK，对它的态度可用"极度讨厌"四个字来形容。然而，日本上班族很喜欢在卡拉 OK 点这首歌，应该是因为歌词贴切描述了退休后的状况，尤其是"And now，the end is near. And so I face the final curtain."（人生即将结束，落下的帷幕已经出现在眼前。）这句话，道出了人生行将就木时的心境。对过去的人而言，退休后就是淡泊生活，结束所剩不多的余生。

据 2019 年统计，日本女性平均寿命为 87 岁多，而男性平均寿命是 81 岁多，放在全世界都能排进前三。由此可知，今后活到八九十岁，也是理所当然的。六十几岁退休之后，剩余的几十年，人生甚至与工龄相差无几。如此一来，人自然会产生必须详细规划财务与社会关系的观念，否则难以走完剩余的漫长人生。

你想如何告别

现代日本人的前三大死因分别是癌症、心脏疾病与脑血管疾病。

在近代，夺走多数人性命的元凶是霍乱、伤寒等传染病。仅在 1879 年，日本就有超过 10 万人死于霍乱。而痢疾等婴幼儿易感的消化道传染病，也曾创下过死亡率的最高纪录。

后来，由于给排水系统的日趋完善，主要传染病逐渐转变为结核病。从 1935 年到 1950 年的这 15 年间，肺结核等结核病，一直居于日本人死因的前几位，甚至不少患者都是年轻人。因此，当时的平均寿命低得吓人。

在 1951 年，脑血管疾病又取代结核病，成为新的主要死因。之后的 60 年间，癌症、心脏病与脑血管疾病一直盘踞在致命榜单的前三名。肺炎、支气管炎、自然衰老偶尔也会轮流进入前三名，但最近半个世纪，开头提到的冠亚季军，几乎不曾改变。

我想起了20多年前的一段往事。当时是退休的前一年，我辞去东京大学尖端科学技术研究中心的工作。一位任生理学教授的同事突然问我："你明年就要满60岁了吧？根据统计，过了60岁，除非遭遇意外事故，通常会死于脑卒中、癌症或心脏病。如果能选的话，你想选哪一个？"

他问得很突然，我也还没到认真思考死亡的年龄，苦思冥想的回答是："我选心脏病，痛苦的时间比较短。"他听了就说："什么都不懂的外行才会选心脏病。"

根据他的临床经验，心脏病发作死亡的患者脸上多半明显流露出空虚的表情，目不忍视。脑卒中因为也是在无法预期的状态下发作，基本上和心脏病发作一样。相较之下，癌症通常确诊之后至少还能活上半年或1年，所以他选择癌症。

这番对话当然是以人无法决定如何死亡为前提

的。虽然我没思考过如何度过余生和与死亡相关的议题，这个问题倒是刺激我想了很多事。

我的一位医生好友在大学主持会议时，由于突发主动脉夹层，几乎是当场猝死。当时他刚刚才发起他梦寐以求的大型项目，恐怕做梦也想不到自己会突然去世吧！

他过世后，身边的人为了善后似乎费尽了千辛万苦。虽然死者不会知道自己给还活着的人添了多少麻烦，但如果想象一下至亲好友的心情，肯定留下了许多遗憾。他一定壮志未酬，也有很多后事想跟家人交代，但这一切都不可能实现了。

当医生宣告时

以往人们都以为罹患癌症必死无疑。因此在很长一段时间里，日本常见的做法是医生偷偷请来家属说明病情，不告诉患者本人。当事人在不知情的状况下过世也毫不稀奇。

然而，近些年，就算是癌症末期，及时告知患者本人才是日本的主流做法。

虽然资料有些过时，但据 2007 年厚生劳动省[①]研究班的调查，日本的告知率为 65.7%。现在似乎难以调查出正确数据，不过我推测应该上涨到了 80% 左右。换句话说，除了部分严重的癌症和患者本人相当高龄等情况以外，告知当事人都是理所当然的。

由于现代医疗技术进步，因此从做好心理准备的角度看，死于癌症的患者，是有时间思考如何死和安排死后诸事的。尽管来日无多，至少算是比较"幸运"的死法。

以我个人为例，我在 2015 年确诊前列腺癌，主治大夫看了检查报告，语气平静地对我说："癌症持续发展，细胞学检查的结果也不太乐观，已经有几处转移至骨骼。考虑到你的年龄，建议采取抗雄激素治疗而非手术，顺利的话应该还能再活 5 年。"

①　译者注：厚生劳动省是日本负责医疗卫生和社会保障的主要部门，下设有 11 个局 7 个部门，主要负责日本的国民健康、医疗保险、医疗服务提供、药品和食品安全、社会保险和社会保障、劳动就业、弱势群体社会救助等职责。

对现代人来说，癌症不再是什么稀罕事了，医生告知患者的态度也格外冷静。我个人对这件事十分感慨。

"魔弹"登场

简单回顾一下医学史，日本是从明治时代开始从传统的汉方医学全盘转换为西方医学的。

尽管现在越来越多大学的附属医院开设了汉方医学门诊，有些私营医生的医疗服务是以汉方医学为主的；然而，医疗法律基本上还是以西医为主，习得西医知识者才能考取证照。因此，现在日本的主流医疗人员，都把西医以外的治疗方式视为替代疗法。这一点与中西医并重的中国截然不同。

在近代"细菌学之父"罗伯特·科赫（Robert Koch，1843—1910年）建立病原微生物学之后，欧洲医学界先后克服了重重难关。其中最大的创举，就是在20世纪发明出足以一击制敌的"魔弹"——

抗生素。

欧洲医学秉持着"魔弹主义"，依靠抗生素，先是克服了消化道传染病，又在一定程度上遏制了呼吸道传染病。当然，克服这些疾病同样与基础设施的改善息息相关。

然而，现代医学当前却遇到了新的挑战——生活方式病（或者说老年病、慢性病）。诞生于19世纪的病原微生物学，成为近代欧洲医学的难以撼动的核心，医疗也以此为基础发展，相关疗法也由此建立。过往的乐观态度，却因为生活方式病的出现而蒙上了一层阴影。

不久前，癌症还被视为生活方式导致的结果，但在踏入超高龄社会后，我们发现也不见得就是这么回事。

癌症，与其说是不良生活习惯带来的影响，倒不如说是生物肉体的自然老化导致的结果。老化的过程中，身体当中总有细胞会形成癌细胞。因此癌症可说是伴随年龄增长而来的疾病。

无论如何，生活方式病都是无法根治的。一旦发病，患者必须与医生或医疗机构一直打交道，直到人生的尽头。一旦开始服药就不能停，这也导致了医保负担加重。因此，生活方式病可说是一种顽疾。

生活方式病也彻底改变了医患关系。患者如果得了传染病就必须住院，或在医疗机构管理下生活一段时间。就算不去住院，也必须遵从医疗规范去生活，这也和住院没什么两样了。然而，传染病一旦根治，你就与医疗毫无瓜葛，将会"重获自由"。除非死亡，否则总有一天会被医生告知：你明天就不用再上医院或服药了。换句话说，患者只要乖乖谨遵医嘱即可。

生活方式病却并非如此。医生告知患者："我会给你开些药，一个月后来复诊。"此时，吃不吃药的决定权在患者自己。掌控医疗主导权的不再是医生，而是患者。医生的角色转变成陪伴患者迈向人生终点的"陪跑人"，尽量给予建议与帮助，协助患者自主控制疾病，尽量减少死前可能遭受的病痛。

某些特定的疾病，则明显是由长期吸烟或饮酒诱发的，但无论你的日常生活多么养生节制，还是有罹患生活方式病的可能。许多生活方式病都与人类无法避免的生理现象——老化，息息相关。可以说，现代人终于摆脱了细菌、病毒侵袭造成的"猝死"，好不容易才进入身体功能老化衰退的时代，即进入无意外的"自然死亡"的时代。

我们好不容易摆脱猝死的下场，迎来的却是"总也死不了"的时代。

必须思考生死观的时代

近年来，我们经常会听到"生死观"一词。

生死观原本不应该是个人的观念，而是"某个时代的日本人抱持的某种生死观"这样描述群体观念的词。然而，现代人却必须树立个人的生死观，决定自己如何画下人生的句点。

目前，日本的"银发族"约有一半死于癌症，所以癌症可以说是多数日本人的死因。

这件事促使我们不得不思考自己的生死观。毕竟听到医生告知再活三五年的概率时，我们自然得思考余生该如何度过，如何迎接死亡。

同时，这也是缓和医疗所面临的问题。

癌症进展到末期，一般患者都会希望能尽量缓解疼痛，但越来越多的患者不愿自己人生最后一段旅途是靠着全身插满管子走完的。

2012 年，日本政府机构进行的"高龄人口健康概念调查"发现，65 岁以上受访者对"如果罹患不治之症，死期将近，你愿意接受延后死期的维生医疗吗？"的问题，回答"想顺其自然"者竟高达 91.1%，而回答"愿意为延后死期而接受任何治疗"者只有 4.78%。

回答"想顺其自然"的比例超过九成，我觉得这未免也太高了。由于是内阁府统计的数据，我甚至觉得他们是不是在带风向！毕竟，这种问法，自然会引导出这种回答。如果真的有九成高龄人口都这么想，该想法也成为社会共识，那本书下面要讨论的大多数问题就不成立了。然而，在现实的医疗场景中，人们不但缺乏明确的共识，甚至还曾出现各种混乱的场面。

你会选择如何离去

即使将人生的终点交由医疗团队控制，延长寿命到一定程度后，人们依然会被迫面对死亡，然后就要开始具体思考自己究竟想怎么死。我想，这也是前所未遇的情况。

我们是该选择自然死亡，还是交由医疗团队去竭尽全力延后死期呢？

自己将来接受末期医疗时，必须事先决定想怎么死，是因为现在必须事先告知医疗团队"请勿执行违反自然的维生医疗"，才能迎向自然死亡。换句话说，无法确认当事人的意愿时，医疗团队必须执行各种维生措施抢救患者性命，导致现在变成一个"死不了的时代"。

当眼前的患者十分痛苦，陷入呼吸困难或营养不良时，无论是站在生物伦理还是医疗目的的出发点，甚至考虑到经济条件，患者都自然会选择维生医疗。家属就算确认过当事人的意愿，面对紧急的情况往往也说不出"停下"。这也导致现实情况是有"九成意愿"未得到尊重。

一线救护人员的声音

2019 年 2 月，新闻报道了东京消防厅的咨询机关"急救业务恳亲会"汇整的关于急救的建议——家庭医生确认过患者的意愿与其指示，救护人员即可终止急救措施。

这件事情，代表尽管末期患者想在家里度过人生最后一个阶段，自然迎接死亡，家人在实际遇上患者即将心脏停止或已经停止的情况时，还是会拨打 119[①] 呼叫救护车。然而，当救护人员实际抵达现

---

① 译者注：日本的火警和急救电话均为 119。

场时，不少家属却告知他们，患者不希望接受急救措施。这件事实在是很矛盾。

倘若患者事前表达过意愿，家属也愿意尊重，就不用叫救护车了，但家属一紧张或焦虑起来，还是习惯性拨打119。

救护人员遇上这种情况，因为没有明确的标准规定是否急救，不知该如何是好，才会在急救业务沟通会上提出建议。

这次建议的做法是由家庭医生确认患者的意愿与症状，倘若患者明确表示不愿意接受急救，拒绝送医，那么由家属在同意书上签名后，急救人员即可离开现场。虽然听起来有点像把责任强加在家属身上，但至少这是尊重"九成意愿"的其中一步。

死亡正在远离生活

死亡离我们越来越遥远，这是生育率降低与小家庭逐渐普及的结果，经历朝夕相伴的人去世的机会越来越少。

1954 年年底，家父在我们的家中过世。他生前是一名医生。

当时，由家母亲自为他沐浴净身，用棉花塞住耳鼻以免体液流出。我当时还在上高中，协助家母整理了家父的遗体。在等待棺材送至家里这一期间，我亲身体验了死亡到底是怎么一回事。

如果按照一般程序向公所申请，那必须等到过完年才能火葬。于是我们找到父亲的医生熟人"走后门"，将死亡证明上的死亡时间提前了半天，才好不容易在过年前完成了火葬仪式。现在看来，这可是难以想象的"违法"行为了。

住在隔壁的外婆，则是 1964 年过世的，也一样是在家里。

姐姐大我 3 岁，是一位钢琴演奏家，1999 年在医院里过世；家母则是 2011 年在家中安然离世。以往家母和我为家父所做的事情，现在都交给照护支援专门员安排的护理师和照护人员了。

另外，尽管家父是医生，姐姐和我依旧是由接生婆上门来接生的。那个年代几乎人人都是在自己家开启人生起点和走向终点的。到了 20 世纪 70 年代中期，情况却发生了 180 度的大转变。

至少，在我小时候，医院还是一个人人避之唯恐不及的场所。一说生病，人总觉得有些罪恶感，看病和住院都不是什么值得宣扬的事。然而，如今医院已成为日常生活不可缺少的一部分，不再有人刻意隐瞒自己去医院的事。

根据厚生劳动省"人口动态调查"的结果，在 1975 年，日本人"死于自家"和"死于医院"的比例不相上下，在此之后，后者开始超过前者。

80 年代之后，死于医院者逐渐增加，直到现在，死于医院者占整体死亡者的 75%，而死于自家者只有一成多。

在日本，现代人几乎都是死在医院里的，死于自家者，从 2004 年开始又有些微增加。这是因为日本政府推出了新政策，将照护主力由医院改为居家，以此解决医院病床长期人满为患的问题。政策的改变，代表日医院不再是收容高龄患者的场所。

死亡地点由自家转换为医院，许多人因而被迫在医院迎接死亡。这一事实，对日本社会大众的生死观产生了巨大的影响。

日本有部讨论死亡的电影叫《入殓师》（2008，泷田洋二郎导演），勇夺当年的奥斯卡奖最佳外语片奖。

女主角的职业是殡葬礼仪师，负责从清洁遗体到入殓等一连串的作业。日本人现在以自造的英文"Angel Care"（天使护理）来称呼这套作业。过去都是由家人亲手整理遗体，现在则是由医院的护理师、护工或殡葬公司的员工代劳。这部电影之所以让观众印象深刻，其中一个原因就是关注了一般人不太会接触的工作吧。

由于传统家族分散，小家庭日渐增多，多代同堂不再普遍，亲眼看见身边人从衰老迈向死亡的机会也是大幅减少。如果生活在一起，还有机会目睹祖父母如何衰老，聆听他们生前的叮嘱，了解老死是"线性"的过程。倘若祖父母临终才突然接到通知去医院，死亡对旁观者来说，便沦为一种"点"的体验。

正是由于死亡正在远离我们的日常生活，才更应该重新贴近死亡，思考死亡究竟是什么。个人对如何迎接死亡必须树立一定的观念，社会也应该开始步入整体思考这一问题的时代。

第 1 章

我们为何难以死去

医学的发展源于经验累积

思考死亡这个课题时，不能忽略医疗与医疗制度。毕竟只有医生才能宣告死亡，现代的日本人又如同前文所述，多半是在医院走完人生最后一程。

然而，目前的医疗制度其实历史并不久远，过去的医疗状况也与当前迥然不同。我认为思考死亡的课题之前，必须先了解这件事。

大家听没听过日本的单口相声"落语"的一个段子《爱吃荞麦面的阿清》？

这个故事取材于关西民间段子《蛇含草》。关东版是吃荞麦面，关西版是吃年糕。我用关东版来举例。

　　清兵卫是个大胃王，大家都知道他爱吃荞麦面。有人和他打赌，问他吃不吃得下 20 盘荞麦面。他三两下便解决了 20 盘荞麦面，赢得赌注。接下来挑战 30 盘，还是赢了。

　　等到对方赌到 50 盘时，清兵卫表示改天再战，便出门旅行去了。

　　他在信州的山里迷路时，亲眼看见大蛇一口吞下猎人。吞下整个活人，就算是大蛇也撑得难以动弹。但大蛇仅仅是舔了舔路边的野草，原本鼓胀的腹部竟然就缩回原本的样子。

　　当时他躲在大树上偷看，心想：只要有这个野草，赌再多食物也不怕了。于是他摘下野草带回家，打算赌一把大的。他宣称自己吃得下 70 盘荞麦面，于是在看热闹的人群包围下吃了 10 盘、20 盘……直到吃到 50 盘时，他终于受不了，走到室外呼吸新鲜空气，打算顺便偷舔之前采回来的野草。

大家等了又等，却怎么也等不到清兵卫回来。当众人觉得奇怪时，拉开纸门向外一看，发现外面居然有一座披着外套的荞麦面小山。

原来大蛇舔的是用来融化人体的草药。

这个结局十分惊悚，但又非常合理。在解释何谓医疗的本质时，我经常用《爱吃荞麦面的阿清》这个段子来举例。我相信，古人应该有很多类似的失败案例。

我讲了这么长一段，简要结论就是——近代医学完全是凭借经验累积的。大前提是要先"活下去"，所以在归纳出理论或原理之前，只能先头痛医头、脚痛医脚了。在反复尝试，多次失败后，凭借累积的经验去记忆哪些做法危险，哪些做法能顺利康复。

在日本的历史中，"本草"这一概念一直与医疗相关，其中不仅包含了与草药相关的知识还包含矿物药、动物药等内容。在日本，医生自古以来被称为"药师"。这是因为医疗的本质是医生判断症状应当处方以何种"药物"。因此，医疗系统可以说是建立在庞大的失败与成功经验之上的。此外，这件事情也反映在信仰上，例如如来信仰中极为重要的形象"药师如来"。

爱德华·詹纳（Edward Jenner，1749—1823 年）发明牛痘防治天花的故事，在日本也是脍炙人口。他最初是使用天花患者挤出的脓液来接种的，致死率相当高。在那之前，欧洲的农民之间流传着一种说法：得过牛痘的人不易得天花。另一件口口相传的事情是，得过牛痘的人就算得了天花，通常症状也会比没得过的人轻得多。詹纳想起了这件事，于是先在仆人的儿子身上接种牛痘，之后再接种"人痘"，确认了对方并未因此出现天花的症状。这种行为要是发生在现代，一定会因为私自做人体试验而招致各界批判。然而，在漫长的医学史上，许多的新疗法，都是轻视人权的成果。

世界卫生组织在 1980 年宣告天花绝迹，这一年距离人们开始接种牛痘约 200 年。人类消灭天花的历史正是典型的经验主义。这个点子源于发明者记得生过传染病的人就不会再度感染，是人类记忆层层累积的结果。

顺带一提，日本也有类似的例子。住在福冈的绪方春朔（1748—1810 年）比詹纳早 6 年，即 1970 年时便使用天花患者的脓液来种痘。这一记录代表日本也曾有人想到用种人痘的方法来预防天花。詹纳的牛痘法直到 1848 年才从长崎传入日本，之后普及到京都等地。江户（东京）在 1858 年出现了"玉池种痘所"。这个机构也是东京大学医学院的前身之一。

三井元圃种痘所发行的《种痘之图》，为佐贺县立图书馆藏，描绘了牛痘少年战胜天花妖怪的故事

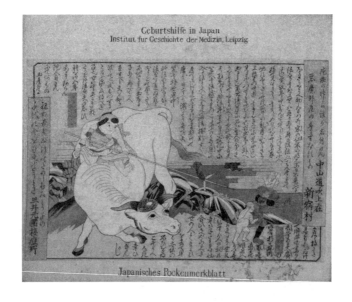

现代医学历史尚浅

　　由上文可知，现代人所信赖的"科学医疗"，其历史并不久远。近代科学从科学的角度分析疾病始于 19 世纪，距今不过 200 多年。

　　过去日本称呼传染病为"流行病"，我有一篇早期论文是汇整鼠疫蔓延至世界各地，即所谓"全球大流行"（pandemic）的情况，后来以《鼠疫大流行》的书名在岩波书店出版。

　　历史上最有名的鼠疫全球大流行始于 1348 年，并持续蔓延约 30 年。当时欧洲的港口在疫情严重之际，要求来自疫区的船只必须在海上停泊 40 天方能入港。顺带一提，英文中"隔离检疫"（quarantine）一词，衍生自拉丁文中的"40 天"（quaranta），便是基于这个缘故。

　　尽管当时的人明白似乎有什么"不好的东西"传入才导致了鼠疫暴发，却无法进一步探究原因。当时的观点分为"上帝惩罚说""星球排列运行说""瘴气说"等。"瘴气"指的是毒气，如火山爆发或死水沼泽散发出的腐败气体。有人认为人吸入这些气体便会得病。

新一派的解释认为原因出在眼睛里，也就是通过人的眼神传播。欧洲流传着一种说法，人类和蛇形怪兽"蛇怪"（basilisk）四目相对时，便会石化并死亡。同理，与鼠疫患者四目相对也会被感染。当时的绘画描绘了医护人员都戴着面罩，以免与患者四目相对。

古人一直无法察觉传染病的根本原因，其实是病原体经人体扩散。医疗人员最多只能以饮食疗法调整患者的身体状况。至于行星的位置和瘴气等原因，只能依靠祈祷作法了。

顺带一提，为保护近代医学，日本明治政府于1874年颁布一道法令，禁止祈祷作法、驱邪念咒等民俗疗法。这道法令之所以出现，说明这些民俗疗法在此前都是正规医疗行为，但既然是民俗疗法，当然不会因为一纸法律便烟消云散。

病原体的发现

19 世纪，欧洲医学出现了两大重要流派。第一个流派源于德国病理学家鲁道夫·魏尔肖（Rudolf Virchow，1821—1902 年）奠定的"疾病即政治"的观点。

当时欧洲处于工业革命时期，出现了大规模的工厂，所谓的"劳工"阶层也因应而生。这些劳工在恶劣的环境中工作生活，被迫长时间劳动，引发了结核病传染。第一个正式主张必须由政府改善环境的人正是魏尔肖。

然而，当时社会上开始出现一种"疾病源于生物"的说法。第二个学派首先发现了寄生虫，逐渐了解进入人体的生物带有致病的要素。法国生物学家兼化学家路易·巴斯德（Louis Pasteur，1822—1895 年）使用密闭的烧瓶证明"唯有生命才能创造生命"。

之后，罗伯特·科赫成功分离出炭疽杆菌（纯化培养）。所谓"传染病"，必定能找出病原体，并且能使用该病原体染上相同的疾病。科赫由此建立了 3

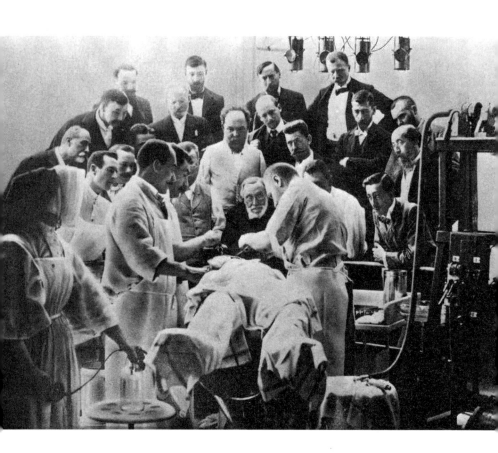

魏尔肖在柏林视察一场手术（图片来源：惠康画廊
L0003782）

个假说：罹患特定疾病的人，身上必定能找到特定细菌；该细菌可分离并纯化培养；使用该细菌可重现相同疾病。这些假说成为确认细菌是否属于病原体的基本原则。自此之后，以科赫为主的病原微生物学派逐渐兴起。

然而，魏尔肖主张的"疾病即政治"在当时是否定生物致病论的，两派之间发生了激烈争执。以现代的角度来看，魏尔肖的主张可谓医疗社会福利政策先驱，两者不应该产生对立。

这些现代人认为是"常识"的知识，其实距离最初发现的时代不过短短150年。

青霉素的发现

近代医学发展至今出现过多个划时代的成就。发现青霉素等抗生素，是20世纪医学史上最大的创举。

建立病原微生物学后，科学家以类似《爱吃荞麦面的阿清》的偶然经验法，陆续发现了其他可以抗菌的化学物质。其实，直到现在，制药厂为了发掘日后可能用于制药的物质，基本上还是在用同样的思路反复尝试。

这种不断反复尝试的结果是在 1928 年奇迹般地发现了名为"青霉素"的抗生素。亚历山大·弗莱明（Alexander Fleming，1881—1955 年）发现霉菌污染了培养细菌的培养基，但这种霉菌竟然会阻碍细菌成长。青霉素是自 1942 年起正式运用在医疗上的（当时称为"重新发现青霉素"），当时最受到瞩目的事件是英国首相丘吉尔（Sir Winston Leonard Spencer-Churchill）患肺炎时因为施打青霉素而挽回性命。

人类仰赖青霉素克服了细菌感染，大幅延长了自身的寿命。美国微生物学家赛尔曼·A. 瓦克斯曼（Selman Abraham Waksman，1888—1973 年）受"奇迹之药"青霉素的启发，又在 1944 年发现了链霉素。链霉素是一种治疗结核病的药物。

抗生素是攻击病原体的药物，用以治疗传染病。这种被称为"魔弹"的疗法，在第二次世界大战时正式登上医学舞台。

然而，如今的人类尽管身怀能攻击细菌的"魔弹"，但针对比细菌还小的病毒，却还没找到更有效的"魔弹"。不过，我们依然有发现它的潜力。

一方面，19 世纪诞生于欧洲的病原微生物学，以及以此为基础发展兴盛的现代医学，原理基本上是用"魔弹"药物逼出、打败或弱化体内的坏东西，促使身体状况恢复到一定程度。人类因此获得了一种避免猝死的方法。另一方面，病原微生物学与魏尔肖的社会医学结合，建立起预防病原体入侵的社会制度，如检疫、防疫或接种疫苗以免细菌进入人体造成严重后果等。

无法根治的生活方式病

人类原本对医学抱持着乐观态度，认为任何疾病都有机会被现代医学根治。然而，生活方式病却击碎了人类的美梦。

生活方式病，是指糖尿病、高血压、高血脂、高尿酸等由于吸烟或饮食等生活习惯所引发的疾病。日本人的三大死因——癌症、心脏疾病与脑血管疾病，都与生活方式息息相关。过去，日本人称这些病为"老人病"，后来发现，年轻人的发病比例也居高不下，因而更名。

传染病不再是人类死亡的主要原因，取而代之的是随着年龄增长而出现的疾病。

在治疗传染病时，主导权掌握在医疗人员手中。患者在一定时期受到医疗人员管理，痊愈后才能重获自由。虽然也有治疗失败、一命呜呼的例子，但基本上都是类似的治疗模式。

然而，当我们面对的是生活方式病时，就无法套用这种模式了。生活方式病可能到达症状获得控制的"缓解"状态，却无法"根治"它。一旦得上，一辈子都等不到"再也不用看医生，真是太好了"这句话了。

在这种情况下，患者接受医疗人员管理的时间其实非常短暂。患者大部分的时间是照常生活，自行肩负起持续治疗的责任。医疗人员可给予指导，却无法强迫他们。

　　例如，是否服药这件事便掌控在患者手中。定期接受检查，拿着处方笺去药房抓药，也都取决于患者的意愿。无论最后是不是死于生活方式病，通常要到离开人世后才会彻底跟医院说再见了。

　　就像死亡地点从自家改为医院大幅改变了死亡的社会形态那样，生活方式病成为重大疾病后，也严重影响了医患关系与医疗结构。

　　过去的医患关系是医生高高在上，以类似君王的权威控制患者。医疗团队与患者之间存在明显的权力等级；但在治疗生活方式病时，这种权力等级几近消失。

　　最符合当下的医患关系的说法是——医生担任"陪跑员"或"顾问"。最重要的是陪伴患者朝着同一个方向前进，相互合作，协助控制疾病，以避免对方死前承受过多的病痛。

　　现在，日本总算把家庭医生与其他专科医生的工作区分开了。家庭医生的工作就是贯彻"顾问"的身份，在发现可能危及生命的疾病时，把患者转诊至大学附属医院等大医院。现在这种做法已经逐渐生根。

医生与患者的关系演变至此，医疗倘若发生问题，原因在于患者必须自行负起遵守医疗规定（遵守医疗人员的指示）的责任，即患者必须清楚哪些事不能"全权委托"医生。从现代患者对待医生的态度，也看出患者对此事已了解到一定程度了。

日本的社会制度，也明显朝着同样的方向发展。以服药为例，有了越来越多方便患者管理药物的工具。例如，药店会把大量药物分装为一周的药量再交给患者；甚至出现了"服药月历"和各种分装容器，提醒患者按时服药。

如果想要长命百岁，患者就必须自行负起责任，严格执行医嘱的疗程。

从同意到自决

医生与患者之间的关系变化，进一步扩展到了

"知情同意"（informed consent）。

"知情同意"是医患之间"获得（或传达）充分信息之后同意接受（提供）治疗"的概念，在日本逐渐耳熟能详。平常简称为"IC"。

补充一点：目前美国医疗院所说的"IC"指的不是"知情同意"，而是"知情选择"（informed choice）。患者在获得充分的信息之后，从院方提供的疗法当中择一接受治疗，而非同意医生建议的疗法。

过去的知情选择是指由医生提出多种选择，说明利害得失，建议自己觉得最好的疗法，取得患者同意。"同意"代表患者接受医生建议的疗法。然而，从同意转换为"选择"，代表患者从医生提出的数种疗法中自行挑选。患者的立场由被动转为主动，责任占比提高了。

院方当然应该尊重患者根据自己的价值观所做的决定。然而，在美国就医时，患者所能选择的疗法往往受到经济条件限制。

最常听到的说法是：美国不像日本有全民医保，

打电话预约看诊时，医院窗口一定会问，"请问您参加的是什么保险？"因为保险不覆盖该症状而被拒绝看诊，这种事时有耳闻。人们等于是在买保险的一刻就开始选择疗法，还有许多人由于经济条件而买不起保险。

换句话说，知情选择表面上看起来像是尊重患者的意愿，实际却是医疗资源受到经济条件左右。这才是美国令人讽刺的医疗现状，因为医疗费而破产的人也屡见不鲜。然而，美国人普遍（主要是美国共和党支持者）认为这是患者个人应有的责任。

美国的前总统奥巴马（Barack Obama）和前国务卿希拉里·克林顿（Hillary Clinton）联手改革医疗保险制度，尝试将保险制度扎根于社会。

奥巴马政府的目标并非打造类似日本的国民医保制度，而是通过立法扩大既有高龄人口与低收入阶层的国民医疗保险适用范围，严格限制民间医疗保险收取高额保费，规定国民有义务加入医疗保险，等等。

新的医疗保险制度也被称为"奥巴马医改"。当

时的共和党总统候选人唐纳德·特朗普（Donald
Trump）的政见之一，就是废除"奥巴马医改"。他
在击败民主党候选人希拉里当上总统后也尝试取消
这一制度。虽然过程一度失败，但他后来又想卷土
重来。他想废除医保的理念是"自己负责"。共和党
的主张是：政府该保护的不是受到社会福利保障的
"弱势群体"，而是源于独立自主精神的公民自立与
自律。

患者也必须思考的时代

　　相较于美国，日本的健康保险制度基本上不会
以经济条件为由减少疗法的选项（当然日本也有保
险不覆盖的疗法，通常价格高昂）。

　　日本的全民医保制度始于 1961 年。对政府而言，
规划医保所用的财政收入来源，从国民缴纳的医保
费扩大到了税收，这想必是个困难的决定。我觉得
这个制度非常完善。

也有部分先进西方国家用税收来补充医保。英国的 NHS 制度与日本较为类似。英国前些年因脱欧而导致社会震荡，如何处理移民的保险，也成为一个严重的社会问题。

日本的医保制度当然也自有其限制。如当患者同时接受医保给付与非给付项目的"混合诊疗"后，通常针对该疾病的所有治疗项目都必须自费负担，不得使用医保。这种做法，在某种程度上也是一种惩罚，目的在于维持全民医保运转。唯一例外的是牙科，牙科向来是混合诊疗。例如，假牙的材料，除去保险给付项目基本上都是价格高昂的。通行的做法是：安装假牙前的治疗项目都是医保支付，只有非医保给付的假牙材料是另外结账。选择何种假牙等材料，通常交给患者自行决定。最近连重粒子射线治疗等尖端医疗手段也出现了一些案例，就算选择了一项医保不支付的项目，其他治疗项目也还是能享受医保。

然而，日本在决定治疗方针时，不会像美国那样严重受个人经济条件影响。因为日本的医疗状况还处在"同意"阶段，而没到"选择"阶段。日本的医患关系至今仍倾向于"家长式领导（权威者干涉或协助弱者之意，又称'父权主义'）"，医生为患者提出多种选项后，还会补充说明"我觉得其中某某疗法最好，最适合你现在的情况"。

反之，医生只是提出所有选项，分析利弊，并未表达个人意见，但大部分患者反而会忐忑不安，主动询问医生意见。

尽管如此，如今向患者提出多种疗法以供选择，在日本已经是理所当然了。现代的医疗风潮是，不再把一切交给医生，患者本身也必须自行思考与判断。

何谓"健康的状态"

随着社会人口逐渐老龄化，"健康期望寿命"一词出现得越来越频繁。

这是世界卫生组织提倡的概念，是指"人类除去生病或受伤等失能的期间，能以'完全健康的状态'

生活的平均时间"，但是，究竟怎样才算是"健康状态"呢？

《世界卫生组织宪章》给出的"健康状态"定义是："在身体、精神及社会等各方面处于健全状态，不仅是没有生病或不虚弱。"英语原文是"physical, mental and social well-being"。

现在，除了这3种"健全"，还有一种声音，希望引入第4种健全——"心灵（spiritual）健全"①。

"spiritual"和"mental"，译成中文都是"精神（上）的"。再细分的话，"spiritual"意指"心灵的、理智的"，有时还带有一些"宗教"色彩。

医生可以治疗"精神"不健康，"心灵"不健康就不是医疗的管辖范围了。"心灵"不健康，或许可以说是心灵深处或灵魂深处的伤痛，不是服用药物或遵从精神科医生的建议就能康复的。这是欧洲近代医学抛弃掉的部分，以往是由宗教负责的。

有一种声音认为，除以上3种健全外，人的"心

①　译者注：参见《缓和医疗条例》规定，"缓和医疗是为了减轻或免除末期患者的生理、心理及'心灵'痛苦。"

灵"也要健全，这才算是真正健康的状态，于是
1998 年世界卫生大会上提出其宪章的修正案。这项
讨论始于考量人类维护尊严与生活质量所需的本质。
现行的主流意见认为，3 种健全便已足够，因此并未
采纳修正案，所以目前的定义还是只包括 3 种健全。

　　然而，在考虑安乐死、尊严死和末期医疗时，
"心灵"健全也是需要讨论的重点。

　　根据世界卫生组织的定义，缓和医疗（hospice
palliative care，HPC）是"针对面对威胁生命疾病
的患者及其家属的一种照顾模式，其目标在于通过
早期检测及全面评估与治疗疼痛及其他身体、心理、
心灵的问题，来预防和减缓痛苦，达到提升生活质
量的目标"。

　　例如，某人在体检时发现自己罹患癌症，而且
已经发展到末期，病灶扩散到身体各处，大概只能
活半年。现在的医生不同于以往，不会动不动就做
手术切除肿瘤。他们一般会提出几个选项，如"动
手术，再活 5 年的概率是这样""不动手术，只接受
放疗的存活率是这样""只用化疗的话……""放疗

的副作用是这样，化疗的副作用是……"

年龄是影响个人决定的重要因素。想好好珍惜最后半年或几个月，与亲朋好友度过的人，通常不会选择外科手术；有些人甚至连放化疗都没有意愿，只接受缓和医疗。

每个人认定的"健全"都不一样。赌上性命认定自己"精神"和"心灵"都健全，正是名副其实的"知情选择"。尤其是在癌症患者中，不少人都曾面临这种抉择。

何谓"人类的尊严"

发达国家在讨论安乐死时，通常重点讨论两个概念：一是自决权，二是身为人的尊严。

自决权的另一种说法是"自我裁量权"，也是近代公民社会的原则之一。每个公民都是独立的个人，只要他的决定不对他人造成危害，当然有权自行决定和裁量命运。人们普遍认为应当尊重这项原则。

然而，这项原则是否包括死亡，就议论纷纷了。

另外，西欧的传统观念"身为人的尊严本就不容侵犯"，不仅出自近代公民的自觉，也源自基督教思想。根据它的思想，人类是上帝创造的万物中唯一的特权享有者。因此，人生来就明白自己为人的尊严。然而，人的尊严要在何种情况下才能确保不受侵犯，或在何种情况下尊严会丧失，则非三言两语就能说完整。这个问题之所以难回答，原因是解释和判断会根据时代甚至个人情况而有所不同。

安乐死在日本一般认为分为两种：一种是"积极安乐死"，凭借服用或注射致死药物，毫无痛苦地死去；另一种是"消极安乐死"，指的是末期患者放弃接受维生医疗或中止维生医疗。消极安乐死又称为"尊严死"。一线的医疗人员在确认当事人意愿之后，多会默许这种死法。

日本有一机构名叫"尊严死协会"，目前正在推动"拒绝过度医疗"的运动。具体做法是吸收协会会员，并让他们拟好"生前预嘱"，表达不愿接受多余的治疗（细节留待后文详述）。

尊严死协会给出的"尊严死"定义是："罹患绝症的末期患者基于个人意愿选择自然死亡，拒绝目的仅为延后死期的维生治疗。"

心灵的健康

实际上，日本从未立法通过安乐死和尊严死。过去曾有社会运动多次推动立法，却屡屡碰壁。如同后文所述，目前的状态是，法官在以判例列举多项违法事实的前提下，依然默认了尊严死的存在。

在荷兰和比利时等允许积极安乐死的国家，它原本适用的对象是"肉体承受极大痛苦者"，现在则逐渐扩大到"心灵承受极大痛苦者"（包括那些没有实际确认对象现况并加以判断的案例）。

美国也有类似的案例，详情会在第 3 章说明。该患者在诊断罹患阿尔茨海默症后接受了积极安乐死。当时他的身体功能尚未受损，生活并未受到疾病影响。他应当是知道诊断结果后，便认为自己已经"不健全"了。他对外公开的理由是，等到因病失去尊严时，已经无法自己执行尊严死，所以选择"现在"接受安乐死。

换句话说，该患者认为，待到疾病恶化时可能感觉不到自己的"不健全"。失智症（dementia）这种疾病就是患者无法理解自己"不健全"的状态。

这一案例之所以备受瞩目，是由于当事人在意识清醒的阶段，认为进入无法判断自己是否健全的状态是"不健全"的，所以决定在恶化之前结束生命。

前东京大学教授、评论家西部迈（1939—2018年）于 2018 年自杀，原因是长期遭受皮肤炎与神经痛等疾病之苦，手部功能受疾病影响无法自由活动，甚至影响写作。协助他自杀的 2 位朋友，之后也因协助自杀的罪名遭逮捕，被判处有期徒刑，缓期执行。

西部教授是我在东大时的同事，但没有什么私交，我辞职后也没再见过他。我虽然不知道个中详情，但通过评论家高泽秀次在《周日每日》周刊上发的文章，觉得他是个律己甚严的人。

他的肉体自然承受了极大的痛苦，但无法自由

行动的痛苦或许更胜于死亡。例如，无法流畅书写
对他的个人"尊严"造成的伤害，可能比旁人所见
更为深刻。这是他个人的感受，他人无权批判，我
也非常理解这种感受。"肉体的不健康"尽管不会对
生命造成威胁，却严重损害"心灵"健康。我知道
自己这些话有侮辱死者之嫌，但我依然无法原谅他
害得 2 位朋友成为"共犯"（以"协助自杀罪"被起
诉）。然而，从另一个角度看，他这么做应该也是深
思熟虑的结果，不容他人置喙。根据其他人的证词，
我隐隐觉得西部心中有另一个"我"持续凝视自己，
冷静"合理"地判断像他这样的人应当赴死。

　　另一个让我印象深刻的例子发生在 2018 年，一
名日本女性选择了安乐死。日本广播协会（NHK）
的节目介绍了她死亡的前因后果，整个过程由宫下
洋一翔实记录下来，汇编为《安乐死现场》一书。
这名女性当时 50 多岁，未婚，家人只有 2 个姐姐和
1 个妹妹。她因为罹患绝症逐渐失去了自由行动的能
力。2 个姐姐虽然心甘情愿地照护她，但她心中却总
有另一个"自我"，客观凝视着自己，在生活中对每

件事都得说"对不起""谢谢"。她一想到以后还得麻烦姐姐协助自己排便，更难以忍受这种场景，于是选择去瑞士接受安乐死。如此一来，她就不会因为想死而给其他人添麻烦（就像西部的情况），也就是说，没有人必须因此而犯罪。最后，她在姐姐们的陪伴下自行实施了安乐死。

这两个案例，都是患者拒绝将来被迫承受比现在更强烈的痛苦，而非难以承受当下肉体或精神的痛苦。因此，可以说是在现阶段难以承受心灵上的烦恼，最后终于下定了决心。

自我意识越是强烈（更直接的说法是"越是爱自己"）的人，越无法从正面角度想象自己未来的点滴生活遭遇病魔侵蚀的模样。无论如何，人类这种生物，似乎身体或心灵获得满足的标准越高，越是难以承受"仅仅是活着"的社会或空间。

当医疗能控制传染病与生活方式病到一定程度时，疾病最后带来的痛苦，或许就是患者无法适应自己所处的社会。

如今，日本每年死于自杀者约 20 000 人，远多于交通事故的死亡人数。

医学能治疗心灵的健康吗？倘若可以，又能治疗到什么地步？

精神科医生要是愿意连心灵不健全的人都一并治疗，相信不少绝症末期患者能因此得救。当然有很多精神科医生是这样想的，可惜日本的保险等现行制度难以让医生发挥所长，进行这方面的照护。

第 2 章

日本人的生死观

神话中的生死观

谈到日本的生死观，经常提到的例子是伊邪那岐与伊邪那美的神话故事。

两神下凡，繁衍出日本的土地与诸多神明。然而，伊邪那美却在分娩火神时因烧伤而死。

伊邪那岐追随伊邪那美踏入黄泉之国。伊邪那美死后容貌大变，因此要求丈夫不得观看。伊邪那岐却打破禁忌，走进妻子所在的建筑，目睹妻子全身布满蛆虫，可怖的雷神盘踞身体各处。

小林英卓《伊邪那美与伊邪那岐探海图》，现
藏于波士顿美术馆

伊邪那岐大吃一惊，连忙逃走。伊邪那美随后追来。两人追逐到位于阴阳交界的"黄泉比良坂"时，隔着一块巨石对峙。伊邪那美恐吓丈夫："我每天绞杀 1000 名你国家的百姓。"伊邪那岐则回应妻子："我每天搭建 1500 栋生产用的小屋。"

故事中的阴阳两地比邻而居，是活人也能触碰死者的世界，由此可知，阴间与阳间确实接壤。后来佛教传入日本，带来了阴阳两隔的观念。现代的日本人还是习惯中元节要点燃迎魂火，迎接祖先回到阳间；中元节即将结束之际则点燃送魂火，把祖先送回阴间。因此日本人心目中的阴阳两界并未完全分离。

人死后会去哪里

世界上各类宗教思想传统都可以说是以来生信仰为中心的。例如，但丁（Dante Alighieri，1265—

1321 年）在《神曲》中描绘的"三界"——天堂、炼狱与地狱，内容栩栩如生，是一部描绘死后世界的杰作。然而，要说基督教的本质是"三界"却不一定，它未曾具体描述死者的灵魂在这些地方怎么生活。宗教所规划的"来生"，是肉体死后人类依旧存在——这种情况通常称为"灵魂"或"魂魄"。换句话说，我认为这就是主张人类是由"灵魂与肉体所组成的二元论"。这主张在讨论死后世界之前，应该是着眼于活着的人。

顺带一提，近代欧洲哲学之父勒内·笛卡尔（René Descartes，1596—1650 年）认为，摆脱宗教的框架，便可用"心物二元论"证明人类（强调一下，这里指"活人"）的存在。尽管他证明的过程直到今日依旧通用，但我不认为这和"心物二元论"成为通行概念有丝毫关联。

现在许多日本人认为自己没有信仰，那么，这些人又抱有什么样的生死观呢？

有多少人相信来生，又有多少人认为死了就是一了百了呢？灵魂离开肉体还能存在吗？人死了究竟会去哪里？

现在听到"你认为自己死后灵魂还会存在吗？"这种问题，应该没有几个日本人会做肯定的回答吧！

日本国学院大学的 21 世纪 COE 项目"日本人的宗教意识与神明观念舆论调查"（2023 年）发现，认为"人有来生"者不过 15.9%，是少数派。

然而，研究表明，人类的心灵分为有意识与近乎无意识的潜意识。我认为人类的潜意识并未完全否定灵魂的存在。

这些认为"没有来生"的人家里还是有佛龛或神桌，习惯祭拜祖先。例如，到了中元节会点燃迎魂火，迎接祖先等。中元节结束时又点燃送魂火恭送祖先。这当然可能只是一种惰性的习惯。然而，人类心中的确存在着一些莫名的念头，防止自己认为这种习惯没有意义，应当马上停下来。

这是因为，我们心想自己或许真的能与"死者的魂魄"交流。

大多数的日本人都没有明确的信仰，却莫名相信存在超越人类理性的世界。

多数人都缺乏"生死观"

"生死观"一词，如其字面意思，代表一个人如何认知生与死。

现在的媒体引用这个词用得理所当然，我却多多少少有些迟疑。

这是因为，我意识到自己对死的概念会受具体情况左右，又如前文所述，灵魂是否存在，应当与死亡分开讨论或思考。或许有人会反驳说"生死观"指的不仅是"死"的观念，还包括"生"的观念，但在我眼里，生死观一词给人的感觉更偏重于"死"。

现在流行的生死观一词，指的多半是社会中的个人如何看待自己的死亡，或个人认为应该如何生活等个人的感受。

然而，在现实生活中，究竟有多少平凡度日的普通人，抱有能称为"生死观"的具体想法呢？我认为现实中大部分的人都没认真思考过这件事情。

往往是在不幸受重伤、罹患重病或失去亲爱的家人等被迫面对死亡时，而且还得是时间宽裕、心有余力的人才能开始深入思考死亡和人生最后一段历程。我认为，人要是在这种时候才会思考生死观，甚至觉得没有机会思考死亡就死去，这才是真正的幸福。

原本所谓的生死观，应该是社会大众的观念汇集而成的结果。

过去的日本，"生死观"一词是用在"以伊邪那岐与伊邪那美的神话为例，古代日本人抱持这种生死观""江户时代的庶民应该是抱持这种生死观"的……

我相信有些人确实能答出自己的生死观究竟为何，只是我认为这个词一般不用来形容个人的看法。

中世纪与江户时代的生死观

提到中世纪日本人的生死观，人们经常以一本书——《往生要集》举例说明。《往生要集》的作者是平安时代的僧人源信（942—1017 年）。该书引经据典，教导民众如何看待死亡，同时奠定净土宗的基础。

该书的开头详尽描述了 8 个地狱（等活、黑绳、众合、叫唤、大叫唤、焦热、大焦热与无间）的大小，以及坠入各个地狱的罪人遭遇了何种待遇。8 个地狱的边界有 4 个门，门外还附属有 16 个小地狱。描写具体详细，令人不忍卒读。简言之，作者以文字详尽地说明了生前贪婪或杀人等做坏事的人死了会下地狱，在地狱里又会遭到何种惩罚。

古代僧人对百姓讲道说法时，似乎也常常参考《往生要集》中的地狱来举例说明，它给文学、绘画与戏剧也带来深远影响。

当时百姓受到的教育是：地狱很可怕，所以不能做坏事，以及生活方式受到死亡的左右。

另一部脍炙人口的作品是《叶隐》，成书于江户时代中期。由山本常朝（1659—1719 年）口述，田代阵基（1678—1748 年）记录。两人都是龙造寺藩的正统传人、佐贺藩主锅岛家的家臣，因意气相投而合著此书。

《叶隐》作者山本常朝画像

全书开篇的《武士道者，死之谓也》一文脍炙人口，内容描述了武士的"生死观"就是"每天早晨不得懈怠，应当体验一次死亡"。

《叶隐》由于内容偏离了当时主流的武士道，又批评了佐贺藩的新体制，原本被归为禁书。不过，稍微翻阅便能发现，该书的内容与时人对它的评价相去甚远。书中列举了大量的武士生活情境，传授身为武士必须注意的日常事项。例如，要随时把自己打理干净，每天早上都要梳头、更换内衣等，现代人读了也会觉得很有意思。与其说是讨论"如何死"，不如说是注重于"怎么活"。在我眼里，它不是一般印象中以"死亡"为主题的作品。作者常朝精通佛法，熟悉佛教的"死亡观"，但《叶隐》却从头到尾都"世俗"得不得了，包含了大量人生所需的生活智慧。

《叶隐》与蒙田《随笔集》

虽然有些离题，不过我每次读《叶隐》时，必会想起蒙田（Michel de Montaigne，1533—1592）的《随笔集》。这部作品并非蒙田特意策划下的思想结晶，书如其名，是汇集他随意抒发心情而成的文章，有机会时又推敲增删篇幅，最后集结成册。此书因为编辑方式特别而内容多元，相当特殊，在近代之后成为"思索者"（moraliste）①的代表作品。思索者是一群法国特有的知识分子。

"ΦBK"是 3 个希腊字母，并排时在美国却带有特殊的意义。美国有几所建立于北美殖民地时期的大学，其中历史仅次于哈佛大学的是 1693 年成立的威廉与玛丽学院（College of William & Mary）。乔治·华盛顿（George Washington，1732—1799 年）曾担任该学院的校监②，托马斯·杰斐逊（Thomas

---

① 译者注：又译为"人性学者"。
② 译者注：校监（Chancellor），即英联邦地区学校校务会议主席，相当于企业董事长（Chairman）的角色。负责主持校董会（校务会议）和毕业大典，以及决定学校长远发展愿景。

Jefferson，1743—1826 年）、詹姆斯·门罗（James Monroe，1758—1831 年）等历任美国总统也都是该校校友。考试时无人监考的"荣誉考试制度"（honor system）也是始于该校。1776 年该校成立了名为"Phi Beta Kappa"（希腊语：ΦBK）的俱乐部，只有该校毕业生中毕业成绩前几名的优秀学生方可加入。美国其他的大学后续也出现了类似的俱乐部，同样多以希腊语命名，因而统称为"希腊文联谊会"（greek letter fraternity）[①]。

　　回到正题，究竟何谓"思索者"呢？这个词原本直译为"道德家"，但在这里的意思却大相径庭。欧洲哲学史上经常以"ΦBK"3 个字母来简称"Φιλοσοφία Βίου Κυβερνήτης"（Philosophia、Biou、Kybernētēs），意思是"顺利掌握人生之舵的哲学"。顺带一提，诺伯特·维纳（Norbert Wiener，1894—1964 年）发明的概念"控制论"（cybernetics）便是来自"Κυβερνήτης"（Kybernētēs，掌舵）一词。他尝

----

① 译者注：这些美国大学社团也称为"某某兄弟会""某某姐妹会"。

试用"掌舵"来解释"通过信息交流，人工操作系统"。

好像又偏离了主题，总之上述的哲学更为世俗日常，应当说算是"生活指南"，完全不同于柏拉图（Plátōn，前 427—前 347 年）开启的"关注灵魂"等严肃深远的哲学印象。从古罗马的哲学家西塞罗（Marcus Tullius Cicero，前 106—前 43 年）、贺拉斯（Quintus Horatius Flaccus，前 65—前 8 年）、塞涅卡（Lucius Annaeus Seneca，约前 4—65 年）等人身上，可以找到思索者哲学的雏形。之后的蒙田、拉罗什富科（François VI duc de La Rochefoucauld，1613—1680 年）、拉布吕耶尔（Jean de La Bruyère，1645—1696 年）、沃弗纳尔格（Luc de Clapiers，marquis de Vauvenargues，1715—1747 年）等哲学家，特意与基督教神学等当时欧洲传统哲学的死板研究划清界限，改以智慧、幽默、讽刺与揶揄来表达如何活得自在，死得随心所欲。这种做法，后来形成法国特有的一派——思索者的传统。

蒙田的《随笔集》广泛讨论了死亡，尝试以"轻松"的态度、略带讽刺的观点回答如何面对死亡。现代人可以从《随笔集》中一瞥近代早期欧洲社会的"生死观"，也能从中找出与《叶隐》共通的观点。

不同的时代与社会群体，各有其记录生活智慧的著作。书中列举大量案例，方便读者掌握何谓死亡，如何迎接死亡。

读者可以根据所在群体的情况，在各类文献中找出适合自己的人生指南。例如，武士是通过《叶隐》等书建立了武士道精神，了解日常该如何生活，以及在何种情况必须赴死等。

不同时代的不同文化圈，都曾经出现对生死选择的试探：倘若眼前有两种死法（或活法），你要选择哪一种？

但丁在《神曲》中描述自己在黑暗森林迷路时，遇上古罗马诗人维吉尔（Publius Vergilius Maro，前 70—前 19 年），在他的带领下游览地狱、炼狱与天堂。也可以说，此书描述了当时人们的一种生死观。

死亡其实近在咫尺

解读古代书籍呈现的生死观，会发现过去与现代最明显的差异是：那时死亡近在咫尺，伸手可及。

无论是《往生要集》、鸭长明（1155—1216 年）的《方丈记》，还是薄伽丘（Giovanni Boccaccio，1313—1375 年）的《十日谈》（*Decameron*），都描述了遗体无人埋葬，曝尸道旁，遭野狗或乌鸦啃食的惨状。

在近代之前，天灾是人们的一大死因。例如，日本江户时代至少发生过三次大饥荒，饿殍遍野。甚至到了 20 世纪初的明治时代也曾经发生过冷夏导致稻米歉收。地震、火山爆发、河川泛滥，也屡屡打击着人类的生活。

导致人口短期间大量消失的另一个原因是传染病。史书上记载的"疫疠"，很难确定相当于现代的什么疾病，因为现代人说的"流行性感冒"也算疫疠的一种。"流行性感冒"原本来自拉丁语"influentia"。学过英语的人都知道，提到

"influence"一词，第一个浮现脑海的意思便是"影响"。这个词最初意思是"流入"，指的是天体运行"流入"地表或人群，对人体带来负面的"影响"。鼠疫、天花都是致死性疾病，霍乱等消化道传染病也夺走了许多生命。汉生病①虽然是慢性疾病，潜伏期长，却会慢慢侵蚀身体的功能与外表，在发现有效疗法之前，是十分令人望而生畏的疾病之一。从日本过去处理患者的方式，可知汉生病患者长期受到社会歧视。

　　鼠疫全球大流行不知为何总以欧洲各国为主，并未扩散至日本。顺带一提，薄伽丘在《十日谈》的序言中提到了 14 世纪的疫情；丹尼尔·笛福（Daniel Defoe，1660—1731 年）的《大疫年日记》（*A Journal of the Plague Year*）记录了 17 世纪的疫情；而记录 19 世纪末疫情的则是阿尔贝·加缪（Albert Camus，1913—1960 年）人尽皆知的作品《鼠疫》（*La Peste*）。

———————

① 译者注：即麻风病（Leprosy），又作麻疯病、癞病等，医学界一般称为汉生病或韩森病（Hansen's Disease）。

19 世纪的鼠疫全球大流行，对日本或多或少也有影响。尽管当时死于鼠疫的人并不多，政府却以传播疾病为由开始捕杀老鼠。东京市①曾制定条例，以每只 5 钱的悬赏金鼓励民众捕杀老鼠。

第三代落语大师三游亭金马（1894—1964 年）的著名段子《佣人假期》中，提到主角龟吉工作 3 年后第一次休假回家，父母发现他钱包里居然有大面额纸钞，很担心他是不是做了什么坏事。后来听说那是抓老鼠领到的赏钱，才松了一口气。这个故事正发生于鼠疫即将传入日本的时代。

疾病、饥荒与其他天灾造成人口大幅减少。现代人挂在嘴边的"百岁社会"对当时的人而言简直是天方夜谭。

在 1947 年，第二次世界大战结束不久，当时日本人的平均寿命约 50 岁，与织田信长（1534—1582 年）吟咏"人间五十年，天上一日"时的年纪差不多。

---

① 译者注：当时的行政区划为东京市，相当于现在的东京 23 区。

无处倾诉老去的痛苦

日本有所谓的"弃老（舍姥）传说"。深泽七郎（1914—1987 年）的小说《楢山节考》（新潮文库）由导演今村昌平（1926—2006 年）改编成电影；"狂言流派"之一的野村家也把该篇小说改编成新戏剧《楢山节考》。故事描述了一个儿子为了减轻家计负担，逼不得已把高龄的母亲丢到山里，任其自生自灭。故事有好几个版本，主要的结局都是最后子女回心转意，把父母接回家中。日本各地都有类似的传说跟相关地名。

此类弃老传说想必不只是故事，现实中应该也有些老人不想再给家人添麻烦，又不忍心叫孩子丢弃自己，选择走进山里等死。

我知道接下来的话很冷酷无情：长命百岁的寿星们很清楚自己对家人而言是沉重的负担。

以著名的歌人山上忆良（约 660—约 733 年）为例，以古人而言他算是相当长寿了，活到七十三四岁。日本的诗经《万叶集》收录了他哀叹年老的和

月冈芳年《月百姿·姥舍月》，取材于日本民间传说《姥舍山》

歌与文章。

　　他痛切地描述自己老态龙钟还要遭受病痛折磨：
"如同伤口撒盐，如同已经驮负重物的马背上又加了
行李。"这段和歌，超越了千年的时空，让我对奈良
时代的歌者产生共鸣（《万叶集》卷五，编号 897。
此篇标题是《身老病重、经年辛苦及思儿等歌七首》，
内容描述了人世间忧伤痛苦如同在伤口上撒盐，又
如同在原本驮负重物的马背上再加行李。本已垂垂
老矣，倘若又罹患疾病……）。

　　现代的日本社会不允许老人诉苦。老人不该觉
得年岁增长是件痛苦悲伤的事，就算抱有这种想法，
也不该在公开场合说出来，这种心态竟成为社会共
识。这是因为"弱势群体"应当受到社会福利的充
分保障，社会上不该出现"弱者"。

死亡一定是坏事吗

　　生活在这个时代的我们，对死亡的看法与古人

明显大相径庭。

"弱势"到底的结果是"死亡"。这对活着的人而言是"绝对的恶"，应当要完全避免。医生也不该有延长患者寿命以外的想法。这种想法已经成为表面上不可动摇的共识。

我认为这是因为第二次世界大战结束后，日本社会的价值观发生了180度的大转变。

第二次世界大战时，许多日本人，尤其是年轻人信奉"生命轻如鸿毛"的价值观。《叶隐》等书籍描述的武士生活也遭到当时的政府曲解利用，煽动民众参与战争。直到第二次世界大战结束后，日本人才开始深切反省，强烈反弹，社会影响深远。某任首相为了拯救遭到恐怖分子绑架的人质，甚至能说出"人类的生命重于地球"等不可思议的借口。

把死视为"绝对的恶"，无论是何种状况，都应当避免死亡这种结果——这种价值观促使我们思考：如何将死转化为生，同时，在医学技术日新月异的进步之下，得出"多活一天也好，活着才是至善"这种结论。

欧洲各国与日本情况类似，但不曾提出过"国家价值胜于个人生命"这种主张。这些国家原本出于信仰的原因反对自杀，现在对安乐死的态度却比日本还宽容许多。这或许是因为他们没有产生"死亡是绝对的恶"这种独特的价值观。

现代人缺少送终的经验

家母享寿 106 岁，家姐在家母 95 岁时先一步过世。子女比父母早逝，一般习俗是白发人不送黑发人。当初家姐过世时，我十分担心家母的精神状态。毕竟，家姐与家母同为女性。尽管家姐远嫁异国，很长时间里偶尔才回国，但家母还是很依赖她。我认为家母恐怕难以承受女儿先走一步的伤痛。

然而，实际情况令我大吃一惊。虽然这个说法不好听，但家母是一副"若无其事，泰然自若"的模样。她当时虽将近百岁了，但头脑还很清楚，没有任何失智的症状，情绪上也没有问题。

我在医院送走了家姐，回家向家母报告姐姐过世时，她没有流露出一丝一毫动摇的表情，只是沉默了一会儿。丧礼时，她坐在轮椅上出席，前来吊祭的宾客纷纷慰问，她也是坚强回应，没有流下一滴泪。回到家后，马上恢复了正常生活。

我曾经想过，家母究竟为何能如此平心静气？难道人年纪大了，面对亲人死亡就能冷静自持吗？家母原本就个性坚强刚毅，家父年纪轻轻便突然过世，当时也不曾看到她哭泣。家姐确诊乙状结肠癌之后，比医生宣告的剩余寿命还多活了一年。家母大概在这多出来的一年里就做好了心理准备。

家喻户晓的男高音歌唱家藤原义江（1898—1976年）在与藤原亚希（1897—1967年）结婚后，表示妻子好好"教导"了他这个野人一番。头一件事就是"早上翻开报纸要从讣告栏开始读起"。现在，要我每天先从讣告栏开始看起就有点痛苦了。看到比自己年纪小得多的人死于肺炎或与我一样罹患癌症却早早撒手人寰，心情总是难以言喻，但仔细想想，看着比自己年轻的人陆续离世，或许能逐渐接受有一天会轮到自己的事实。对家人来说也是一样，活得太久难免会遇到身边的人过世。

　　家母生于明治时代，家里有十几个兄弟姐妹，其中有些一出生便夭折了，我连他们的名字都不知道。家母最后活过了百岁，而其他兄弟姐妹都早她一步撒手尘寰。家母面对女儿过世仍旧平静自若，或许正是因为此前已经送走了多名近亲。

　　反过来说，现代人因为少子化与小家庭化的影响，所谓"近亲"人数大幅减少，也没什么机会搞清楚身边的人过世是怎么一回事了。例如，少年时从乡下进城工作，结婚生子，当接到老家通知家人即将过世，赶回家时往往已经来不及见最后一面，甚至已经火葬完毕，连骨灰都没机会见到①。就算这个例子很极端，但现代人确实越来越缺少有送终的机会，以及亲眼看见死亡的过程。

　　所谓的"死别"，除了意外或天灾等特殊场合，一定是线性的过程，而不是点的事件。然而，现在

---

① 　译者注：日本人习惯在死者过世 3 天内完成葬礼与火葬。

家人过世往往成为"短暂的点"，死亡逐渐成为超脱日常生活的特殊事件。换句话说，过去为身边的人送终是件再普通不过的事。经历几次之后，自然明白自己有一天也会成为其中一分子。因此，死亡在过去是生活的一部分，现在却成了特殊事件。

家母晚年时，我尽量避免出差。不得已为了经济合作暨发展组织等工作出国开会时，总是尽量缩短滞留在巴黎的时间。联合国教科文组织旗下的某个委员会主办方看我住得离会场最远，甚至特意把会场改在戴高乐机场附近的饭店。会议结束后，我连巴黎的街道都没踏上，就在机场到机场之间结束了旅程。家母过世时我不巧正在外面工作。接到通知马上从办公地点赶回家，却还是没能见她最后一面。

她过世的当天早上也与平常一样，在家与我们一起生活。她没有重病，至少肉体不曾承受病痛，撒手人寰时应该也没有遭受多少痛苦。身为儿子，我觉得自然死去是很"幸福"的死法了。倘若家母这样的案例变得理所当然，那么"百岁社会"绝非一个不幸的时代。

个人的生死观

日本之所以步入人称"百岁社会"的超高龄社会，原因不仅仅是医疗技术的进步。

现在老年人开车引发交通事故，已成为严重的社会问题。然而，交通事故造成的死亡人数明显降低，2006 年时是每年 10 000 多人，如今则减少到每年 3000 人。除此之外，解决贫困问题与建立社会福利制度等要素都在延长日本人的平均寿命，让日本成为全球数一数二的长寿之国。这个国家 70 年来再没有直接参与战争，这应该也是其中一个原因。

院内死亡和院内出生经常被相提并论，这代表不仅是死亡，就连分娩也从自家转移到医院，生死都远离了日常生活。

新生儿与幼儿医疗进步也是日本人平均寿命逐渐延长的原因之一。日本新生儿与幼儿的死亡率在全球是也是数一数二的低。政府对孕妇提供了充分的社会福利保障，所以平均寿命延长不只是老人变多了。

尽管如此，现在日本人口金字塔的形状，却不是幼龄人口较多的"三角形"或青壮年人口较多的"瓮形"，而是越往上越扩张的"倒三角形"，高龄人口明显增加。第二次世界大战后"婴儿潮一代"在2025年即将迈入75岁，成为所谓的"后期高龄者"，到时高龄人口会增加至3500万人，占日本总人口的1/3。

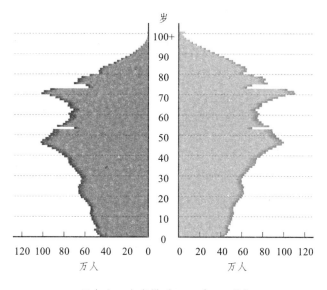

日本人口金字塔（2019年10月）

纵轴为人口年龄（岁），横轴为人口数量（万人），左侧为男性，右侧为女性。从图中可以看出日本70岁左右高龄人口显著增加，20岁以下年轻人口显著减少

数据来源：日本总务省统计局统计调查部国势统计课

现代高龄人口有近半数是死于癌症的。本来以为自己总是死不了，有一天却突然检查出癌症，被医生宣告："你接下来能再活 3 年的概率大概这么高。"剩下来的 3 年该怎么生活，又该怎么与亲朋好友告别，都是值得深入思考的问题。正因为如此，我们活在现代，无论愿不愿意，都得树立个人的生死观。

相信不少人认为自己没有信仰，觉得"人死了一切皆空"。然而，就算不相信人会投胎转世或还有下辈子，有些人还是会希望自己能留在他人的记忆中，因而留下了文字或录像。现在流行起"临终活动"，鼓励大家为临终做准备。因此开始撰写遗书的人明显增加，通过遗书交代自己过世后要联系谁，葬礼该如何办或根本不办葬礼，直接把骨灰撒在某处等。现在日本很多银行因为利息少，很难从个人账户赚钱，甚至开始拓展代办遗书等手续，赚点手续费。

当事人与家属的认知差距

当自己罹患疾病，进入末期阶段时，必须事前具体规划想怎样离开人世。

前文提到，日本内阁府针对高龄人口进行了调查，发现在 65 岁以上的老年人群中回答"不想接受延后死期的维生治疗，一切顺其自然"者高达 91.1%。这个数字实在高得吓人。

然而，该调查中另一个问题："倘若家人罹患绝症，死期将近，你会希望他接受延后死期的维生治疗吗？"其结果却略有不同。

回答"不希望家人接受延后死期的维生治疗，一切顺应自然"者占 73.7%，相较于当事人的意愿，减少了近 20 个百分点；而回答"希望家人接受各种治疗，尽量延后死期"者增加至 14.7%。

相信不少人自己不愿接受违反自然规律的维生治疗，却期盼家人接受各种疗法，多活一天是一天。有些人则亲眼看见家人临终痛苦的模样，却脱口而出请医生全力救治，导致结果违背了当事人的意愿。

正因为家属与当事人之间存在认知差异，我们更需要明确表示自己究竟想怎样走完人生的最后一段路。

由此可知，不愿意接受维生治疗者超过九成，这都是在说场面话。我认为，一线的医疗人员可不能根据场面话去工作。就算一般大众共识是拒绝维生治疗，但一线的医疗人员还是有些难以接受的。所谓难以接受，是指开始维生治疗后基于患者或家属的意愿而中止。

日本医师会[①]的生物伦理座谈会在 2017 年的答复（题为"超高龄社会与末期医疗"）中列举了多个案例。例如，2007 年后未曾发生类似射水市民医院事件等受到媒体大幅报道的案件；NHK 在电视上大方播放患者经由正式步骤移除人工呼吸器的视频，相关人士并未因此被警方调查等，表示现状已经进步到遵守相关机构所制订的指南行动，便能免除刑责。然而，实际参考判例却发现，医生选择不进一

---

① 译者注：日本医师会成立于 1916 年，旨在促进医学及医术发展，提高公共卫生水平，促进社会福利事业。该协会目前拥有 15 万名会员，由医院和诊疗所的医生和管理人员组成。

步治疗或中止治疗，还是可能遭到检方以杀人罪起诉或被遗属起诉。

倘若难以中止治疗，还可以选"不要开始治疗"这个选项。例如，医生在病程早期发现该疗法没有实际功效，不过是拖延死期时，应对当事人或家属详尽说明。双方取得共识后，由当事人或家属选择是否开始。

即使面对相同的情况，80岁和100岁的老人做出的决定必然有所不同，虽然每个人的情况不可一概而论，但这种做法正在逐渐普及。

如何找到值得信赖的医生

我在78岁时确诊前列腺癌，主治医生毫不犹豫地开口就说："癌症很明显已经扩散到其他地方了。你也这把年纪了，就别动手术了。"我虽然因为医生的毫不保留而大吃一惊，但也觉得利落痛快。"组织切片检查的结果发现癌细胞来势汹汹，已经在骨骼发现好几个转移的病灶了。我会使用我认为最有效的疗法，但是不实际试试，不能保证到底有没有效。顺利的话，你可以再活 5 年吧！要是不顺利，我们再看看怎么办。"那时，我的反映癌细胞数值的 PSA（前列腺特异抗原）高达 600ng/ml（正常人上限是 4.0ng/ml），十分罕见。我什么话都说不出，只有不断点头。

家父是医生，我又长年研究科学史与科学哲学史，自认比一般患者对医学知识的了解会多一些。我长期以来主张患者也需要教育，才能当个好患者，因此以患者的身份面对医生时，我不会想以半吊子的医学知识来挑战医生。

医生以高龄为由拒绝手术怎么办？我脑中闪过若坚持动手术会产生什么样的结果？动手术是否有机会根治？如果反而恶化，又是怎么个恶化法？医生推荐的疗法究竟是什么样的疗法，有哪些副作用？听说最近研发出把微小放射源植入体内的疗法，获得医学界推荐，我能用这种疗法吗？癌细胞扩散到骨骼，是不是也扩散到了其他地方？可以使用重粒子射线治疗吗？尽管想到这么多问题，但是我最后一句也没问出口。

我当时的态度是，在走到这一步之前，我已经在其他更全面的问诊场合说明了自己的意愿，也简单交代了想如何面对疾病，以及今后的工作与生活方式。我相信医生会尊重我的意愿，也接纳自己信赖的医生所提出的意见。

我不认为其他人应当采用和我一样的做法。觉得有问题想问就问，不想当场马上做决定，想听听其他医生意见的人依照自己的心意行动即可。反过来说，如何找到值得信赖的医生十分重要。毕竟不可能当下判断初次见面的医生是否值得信赖。然而，我相信找到的这名医生，所以把自己托付给他。倘若我不信任这名医生，大概也会问东问西吧！

我们需要的是包容

无论如何，从客观角度来说，我当时的态度是接受医生的家长式领导。我平常基本上是反对家长式领导的。在特殊的情况下，如坐飞机过程中或教育、医疗的第一线，是应当尊重专家权威的意见。然而，现代社会有许多人想自己决定一切。我认为，我们也必须接纳这些人的想法，而不是单方面否定它。

安乐死与尊严死也是同样的道理。现在普遍倾向于尊重当事人本人的意愿，全面否定则是错误的做法。

关于安乐死与尊严死的看法，留到其他章节说明。我认为，现代社会应当采取包容的态度或者说度量，承认世界上有人认同安乐死与尊严死，尊重这些人的意愿。

最理想的状态是年轻的夫妻或亲子等家人之间，能在聊天时讨论这些话题。凭借对话了解对方的意愿，这并不代表所有问题能迎刃而解，但至少能解决部分难题。

根据厚生劳动省针对"人生最终阶段的医疗是否曾与家人商量？"的概念调查结果，有 55.9%（超过半数）的人完全未曾与家人讨论过后事（《人生最终阶段的医疗概念调查报告》，2014）。

我们每个人都有可能生病。今天得意扬扬炫耀自己健康的人，可能明天就会身患疾病或遭遇事故身受重伤，命悬一线。

大家应当站在人总会生病的角度去思考，而不是讳疾忌医。当眼前的生活因为意外或疾病闹得天翻地覆时，自己该怎么做？当你无法沟通时，希望其他人如何应对？我认为夫妻、亲子或家人之间能讨论这个话题是再好不过了。

更理想的做法是，留下书面嘱托，而非单纯的口头表达。倘若真心希望其他人尊重自己的决定，应当留下关于死亡意愿的文件。这份文件不仅是留给家人，还必须通知医疗团队等第三人。这是每个人都应该具备生死观的新时代。

第 3 章

我们能决定怎么死吗

各国安乐死现况

　　进入 21 世纪，世界各地关于安乐死的状况也出现剧烈的变化。许多国家开始接受安乐死或医助自杀（physician assisted death，PAD）。

　　所谓医助自杀，是指由医生给予放弃治疗、选择死亡的末期患者开具致死药物，或给予致死方法，而由患者自行执行。这里的"安乐死"指的是医生直接投下致死药物，如本书第 1 章所言，日本把这种方式称为"积极安乐死"，依照患者的意愿中止维生治疗则称为"消极安乐死"。"消极安乐死"一般又称为"尊严死"。

全球第一个立法通过安乐死的国家是荷兰，其在 2001 年通过医助自杀与安乐死的相关法案。比利时、卢森堡和荷兰三国俗称"比荷卢联盟"，关系密切。荷兰立法之后，比利时与卢森堡也很快跟进。比利时的现行法律虽没有医助自杀的相关法条，但认可医助自杀归于安乐死（松田纯《生死自决：安乐死的全球现况》）。

加拿大于 2016 年通过了《安乐死法》，允许安乐死与医助自杀；南美洲的哥伦比亚也于 2015 年允许了安乐死与医助自杀。

美国则是俄勒冈州、加州等 9 个州及华盛顿特区立法或基于判例认可医助自杀；其余还有 19 个州正在审议法案。

澳大利亚的维多利亚州在 2019 年允许医助自杀。另外，据报道新西兰将通过全民公投决定是否通过安乐死法案 [1]。

---

[1] 译者注：2021 年 11 月，新西兰《生命终结选择法》正式生效，成为全球第 7 个安乐死合法化的国家。

瑞士虽没有制定安乐死的专法，但也可以合法执行医助自杀。瑞士的详情留待后文说明。

至于亚洲，韩国和中国台湾地区已经允许日本所说的"尊严死"（终止维生治疗）。

美国：允许尊严死

1975 年发生的"卡伦事件"对美国的安乐死与尊严死立法带来深远的影响。

这起事件发生于新泽西州，当时 21 岁的学生卡伦·安·昆兰（Karen Ann Quinlan）在派对上喝酒后陷入昏迷。她平时有服用镇静药和麻醉药的习惯，回家后依旧不曾清醒，被送往医院急救。医生诊断的结果是"持续性植物状态"，她被装上了维生装置（人工呼吸器与供给营养的管子）。

卡伦父亲看到女儿过了几个月都没有康复的迹象，于是要求移除维生装置。医院拒绝了父亲的要求，因而他提起诉讼，一路上告到新泽西州最高法院。

　　卡伦昏迷之前并未留下生前预嘱，成为植物人后更无法表达个人意愿。因此州最高法院允许卡伦父亲担任她的代理人，挑选主治医生。卡伦的父亲是天主教徒，其诉讼的主张主要根据教宗庇护十二世（Pope Pius Ⅻ，1876—1958）于 1957 年对医生的讲话"不应采取不自然的治疗方式"，法院也认同了他的主张。

　　最高法院判决卡伦父亲可以挑选医疗机构。倘若该医院决定移除维生装置并执行，法院不会因此对父亲和院方问罪。

　　尽管最高法院判决卡伦父亲可以担任女儿的代理人，但院方依旧拒绝了父亲的要求。虽然最后移除了人工呼吸器，卡伦却恢复了自主呼吸，在持续补给人工营养状态下又活了近十年，最后死于肺炎。结局完全出乎众人意料。

　　卡伦事件的诉讼焦点在于，患者的父亲能否担任患者的代理人。如果一开始人们就知道卡伦的个人意愿，事情就不会变得这么复杂了。

　　由于这起判例，美国逐渐接受了尊严死，也就是不对末期患者采取积极治疗，进而导致目前美国的"不积极治疗"和"自然死"几乎混为一谈。

美国医助自杀的第一人是杰克·凯尔沃基安（Jack Kevorkian，1928—2011 年），他因为长期协助渴望自杀的人而出名。他认为，"希波克拉底誓言"这种源于传统西欧的医生职业伦理，强调"我不得将有害药品给予他人，有人请求亦必不予之"，属于"石器时代的观念"。由此可知，他是出于自己的信念冒险犯法的，这一做法给当时的社会造成巨大的冲击。

凯尔沃基安于 1978 年开发了以静脉输液协助自杀的设备——"死亡机器"（Thanatron），用静脉输液针头将药物注入决定自杀的当事人静脉中，由当事人自己按下开关。第一阶段是注入生理盐水，在此阶段还有中止的机会。第二阶段是注入医用麻醉药戊硫代巴比妥（Thiopental）。它不仅用于全身麻醉，美国执行死刑前也会给死刑犯施打，让他们失去意识。到了这个阶段，就进入了"无法回头的临界点"（point of no return）。

在当事人陷入昏迷后，药物自动切换成氯化钾，迅速致死。

凯尔沃基安的首个病例是前文提及的 40 多岁的阿尔茨海默症女患者。该患者在选择医助自杀时，尚未出现严重症状，也就是肉体并未承受难以忍受的痛苦。凯尔沃基安对照自己的选择对象原则，承认对方"确实不是最合适的对象"。然而，由于患者家属强烈支持和患者本人决意进行等客观因素，最后判断不得不为。

凯尔沃基安为宣传自己的信念和普及医助自杀，拍摄记录了肌萎缩侧索硬化（俗称"渐冻症"）（amyotrophic lateral sclerosis，ALS）患者接受医助自杀的情况，并在电视节目上公开播放。

由于疾病症状是逐渐失能，所以患者在第二阶段无法自行按下开关。换句话说，所有动作都是由凯尔沃基安代为执行的，因此他被指控一级谋杀罪（预谋杀人），后来改判为二级谋杀罪（非预谋杀人），结果被判处 10 年监禁。

杰克·凯尔沃基安（图片来源：Wikipedia）

凯尔沃基安出狱后①，因为医师执照被吊销，无法取得戊硫代巴比妥，所以开发了使用一氧化碳协助自杀的设备——"慈悲机器"（Merciton）。Merciton 中包含了"mercy"一词，源于拉丁语的"报酬"，后来衍生出"慈悲"之意。他取"神的报酬、恩宠"之意，为这台机器命名。

顺带一提，英语中有时会称医助自杀为"慈悲杀人"（mercy killing）。

荷兰：关于安乐死的讨论

荷兰是安乐死的先驱国家，1971 年发生的波斯特玛事件引起社会大众对这个议题的讨论。

女医生格尔特鲁伊达·波斯特玛（Geertruida Postma，1926—2014 年）的母亲当时 78 岁高龄，因

---

① 译者注：服刑 8 年后，凯沃尔基安因表现良好获假释出狱。根据假释条件，他不得继续辅助他人自杀，不得照料 62 岁以上老人，也不得照料残疾人。

罹患脑病而半身不遂，屡次尝试自杀，并且持续恳求女儿"让我死了吧！"波斯特玛本来拒绝了母亲的哀求，但最后还是因为对方不断的诉苦而注射了足以致死的吗啡。

照护波斯特玛母亲的医疗机构起诉了波斯特玛，罪名为同意杀人。法院虽然认定她有罪，却仅判处有期徒刑 1 周，缓刑 1 年，量刑非常轻微。

法院针对这一判例，列举了 4 个足以免除医生刑责的条件，见下所示。

患者罹患医学上认定为不治之症的疾病。

患者身体或心理承受了难以忍受的痛苦。

患者明确表示希望终结生命。

经过多名专家认可，而非一名医生单独判断。

波斯特玛一案的判决结果，促使荷兰社会开始讨论安乐死这一议题，刺激了社会大众从各种角度讨论安乐死一事，判刑轻微一事也遭到了不少批判。

原本舆论调查的结果是愿意接受安乐死者不过一成，而到了 20 世纪末，愿意接受医助自杀或安乐死者超过九成。

　　荷兰医学会本来站在反对立场，后来也转为若罹患绝症的患者主动提出要求的话，医生可以开吗啡等缓解疼痛的处方药物，就算可能因此缩短患者寿命也无妨。2001 年，荷兰议会通过了医助自杀和安乐死的法案，前提是必须符合严格的条件。

　　波斯特玛事件的特殊之处在于，注射吗啡的人不仅是医生，也是患者的亲生女儿。亲生女儿恰好协助母亲求死并不常见。按理说，一般医疗人员都会尽量避免与亲人构成医患关系。

瑞士：非营利组织主导

　　相较于其他国家，瑞士的制度较为特别。瑞士和荷兰的差异在于并未经历大规模的公民运动与法庭抗争，也没有法源①允许积极安乐死。由于瑞士

---

① 译者注：法源，即法的渊源，是法理学中的重要概念。其基本含义是"法的来源"或"法的栖身之所"，源于古罗马的 Fontesiuris 一词，现在的主要使用者是英美法系学者。

1942 年制定的《刑法》法条可以解释为"出于非利己动机唆使或帮助他人自杀不是犯罪"，于是出现了协助自杀的组织，主导所有协助自杀的相关事务。

"解脱协会"（EXIT）成立于 1982 年，是第一个协助自杀的非营利组织。之后衍生出 3 个组织，分别是尊严协会（Dignitas）、解脱国际协会（Exit International）和生命周期诊所（Life Circle）。

想要自杀的人，必须付费成为会员，在接受医助自杀前先由家庭医生或协会医生看诊。

自杀时会有受训过的义工前来协助当事人。地点是当事人自家或协会准备的房间。方法是服用致死药物或按下开关，注射药物进入血管或胃部。之所以采取这种做法，是因为瑞士不允许由医生执行积极安乐死。

义工事后会通知警方，通过文件或录像证明当事人是自行选择自杀与执行。前文提过，协助自杀者基本上不会被问罪。

瑞士不同于其他国家的一点是，协助自杀团体"尊严协会"和"生命周期诊所"对外籍会员开放注册。虽然数据有点过时，但 2008 年在尊严协会协助下的自杀者中有六成是德国人。

如第 1 章所述，日籍女性小岛美奈罹患罕见病"多重系统退化症"。她在 51 岁时加入生命周期诊所，于 2018 年 11 月自杀。NHK 特别节目《她选择了安乐死》全程拍摄了她从选择安乐死到实际自杀的经过，引起了巨大反响。记者宫下洋一当时接到小岛的联系，与她同行，客观记录了她选择和接受安乐死的一连串过程，内容记录在《安乐死现场》一书中。

日本：安乐死与尊严死的发展

如前所述，日本称医生执行的安乐死为"积极安乐死"，而不对末期患者采取积极治疗或终止治疗则称为"消极安乐死"。"消极安乐死"又称为"尊严死"（death with dignity）。

哲学家康德（Immanuel Kant，1724—1804 年）摆脱神学的僵化解释，以近代公民社会伦理的观点主张"人性尊严"超越一切价值，无论在何种情况下，都应该维护当事人的尊严。至于何种情况会丧失尊严，则应随时代、文化或个人而有不同的解释和判断。

如同前文所述，日本目前尚未出现安乐死与尊严死的相关法律，日本医学界也不认同积极安乐死，仅在清楚患者意愿的情况下默认了尊严死。

为了推动安乐死立法，日本在 1976 年成立了日本安乐死协会，这是在"波斯特玛事件"发生的 5 年后、"卡伦事件"发生的 1 年后。

安乐死协会的主导人物是妇产科医生太田典礼（1900—1985 年）。他过去曾为节育运动挺身而出，原本参选众议员失败，后由日本社会党举荐当选。他有一个恶名昭彰的事迹是与加藤静枝（1897—2001 年）、福田昌子（1912—1975 年）合作，于 1948 年推动《优生保护法》表决通过。当时由于士兵和原本居住海外的侨民纷纷回国，导致人口剧增，日本国内发生了严重的粮食不足。左派阵营却忽略了社会结构问题，认为贫困是因为"小孩太多"，积极推动节育等政策。

此类思想运动引发了《优生保护法》通过，以及针对部分残障人士进行绝育手术等事件。日本国会于 2019 年命令调查室调查当年的立法过程与执行情况。

太田在制定节育政策法案《优生保护法》告一段落后，开始把热情转向推动安乐死运动。他身为主导人，发言却屡屡无视老年人与残障人士的人权，引来非议。此事也导致安乐死迟迟难以立法通过。协会后来又转换方针，否定了积极安乐死，并在 1983 年更名为"日本尊严死协会"。

目前注册日本尊严死协会立妥生前预嘱的日本人将近 12 万。

2005 年，一个推动尊严死立法的议员联盟成立，汇整了《尊重末期患者医疗意愿法案》，但因为反对声浪强烈，至今尚未向国会提出。

判定安乐死的条件

法院通过判例表示安乐死的成立需要一些要件。

1961 年日本曾发生一起没有医生介入的安乐死——"名古屋安乐死事件"。

男子因为脑部损伤导致全身瘫痪，无法自行进食与排泄，承受了巨大的病痛，于是苦苦哀求长子杀了自己。长子看不下去，在牛奶里掺入有机磷杀虫剂，由不知情的母亲喂食，导致男子死亡。

名古屋高等法院于 1962 年提出 6 项关于安乐死的违法阻却性事由[①]，符合这些条件可免除刑事责任，见下。

① 认定患者罹患不治之症，且迫近死期。

② 病痛达到难以忍受的程度。

③ 目的仅为缓解患者痛苦。

④ 患者意识清楚，能表明其真实嘱托或承诺。

⑤ 原则上由医生实施，若医生无法实施，则必须有无法委托医生的特殊理由。

⑥ 方法系伦理上能容忍的妥适者。

---

① 译者注：违法阻却性事由，大陆法系中的重要概念，指用以排除符合构成要件行为的违法性事由。

法院因为该起事件不符合条件⑤和⑥，认定被告有罪但仅判处有期徒刑 1 年，缓刑 3 年，判刑轻微。

东海大学医学院附属医院在 1991 年发生的"东海大安乐死事件"，又一次引发社会的关注。

事件起因是当事人罹患多发性骨髓瘤，陷入昏迷。家属屡次恳求医生"让患者解脱吧！"事件过程复杂，最后由主治医生施打氯化钾致死。

横滨地方法院针对这起案件提出认定为安乐死所需的 4 项条件。

① 患者肉体承受着难以忍受的痛苦。

② 无法避免患者死亡且死期将近。

③ 为消除、缓解患者肉体的痛苦已采取一切手段，且没有其他替代手段。

④ 能够确认患者本人明确表示愿意缩短寿命。

这起事件缺乏当事人事前表达意愿，加上一直处于昏迷状态，明显不符合条件④，大概也缺乏①。起诉理由是杀人罪，而非嘱托杀人罪。横滨地方法院最后判决有期徒刑 2 年，缓刑 2 年。

这些判例提出的 6 大条件与 4 大条件，如今被视为法界提出接受安乐死的法源标准。换言之，众人会认为符合这些条件的案例就能视为安乐死。然而，这两起判决只证明被告的行为不符合"认定为安乐死的条件"，解释的是实际发生符合条件的案例未认定为安乐死，但行为符合违法阻却性事由，因此可免除刑事责任。

继这两起事件之后，1996 年又发生了"京北事件"，起因是医院院长在末期癌症患者的静脉滴注液体中加入了肌肉松弛药。虽然该院长被指控杀人罪，但最后以不起诉处置。1998 年发生的"川崎协同医院事件"，则是患者气喘发作导致心肺功能停止，在昏睡状态下送往医院。医生移除气管插管后，反而造成患者痛苦挣扎，并未如预期般平静迅速过世，于是又指示施打镇静药与肌肉松弛药。这起事件的焦点是：该医生的行为究竟是在执行安乐死还是杀人，检察官也以杀人罪进行了起诉。

"川崎协同医院事件"最后上诉到日本最高法院，结果判处被告人有期徒刑 1 年 6 个月，缓刑 3 年。虽然认定被告医生有罪，但量刑以杀人罪而言却非常轻微，而且为缓刑。从这些判例可以察觉到法官的量刑取舍。尽管安乐死在日本并不合法，却也不会受到严刑惩处。

对患者的最佳做法

富山县射水市民医院从 2000 年起的 5 年间，有 7 名 50—90 岁的末期患者因医生移除维生装置而死亡。这在 2006 年因为内部人员举发而曝光。警方虽然将 2 名涉案医生以杀人嫌疑函送检方，最后还是以不起诉告终。

2018 年在公立福生医院发生了"终止人工透析事件"，该事件基本上与"射水医院事件"是相同类型。然而，这起案件目前仍在诉讼中，这里就不深入探讨了。

话题回到"射水医院事件"，7 名患者当中只有 1 人确认过当事人意愿。其余 6 人都是在仅有家属同意的情况下移除了维生装置。因为这起事件，厚生劳动省制定了《末期医疗步骤决定指南》，于 2018 年发布修订版，并更名为《人生最终阶段之医疗步骤决定指南》。

日本急救医学会等三大学会在 2014 年联合发布了《急救与重症加护医疗之末期医疗指南》，其中提示：当无法避免患者死亡时，为了维护患者尊严与医疗人员安全，在符合一定条件的情况下可停止维生措施。

急救与重症加护医疗中对"末期"的定义是"竭尽全力采取妥善的治疗后，依旧认定无法拯救患者生命的时期"。受到"射水医院事件"影响，强调了判断末期与之后的应对，必须由包括主治医生等多名医护所组成的团队共同讨论决定。

在诊断为末期后，医疗团队向患者及了解患者意愿的家属或相关人士说明持续治疗于事无补，对患者并无益处，反而可能伤害患者的尊严。

此时最重要的条件，也是确认当事人的意愿。

当事人陷入昏迷时，则是遵从事前留下的文件嘱托，或询问家属是否听过当事人表达过意愿。

无法推测当事人意愿时，"基本做法是与家属充分协调，采取对患者最佳的治疗方针"；当家属委任医疗团队决定时，则是"医疗团队讨论对于患者最佳的对应方式，与家属达成共识"。

遇上不清楚身份，无法接触家属的患者，"对是否终止维生治疗及其时期、方法，由医疗团队判断何者对患者最佳"。

该指南再三强调"对患者最佳"一词，但"对患者最佳"究竟是指什么？

该指南中值得注意的一点是：无论患者是否立妥生前预嘱，家属是否确认过当事人意愿或家属意愿是否明确，医疗团队都可以通过综合判断来决定中止维生措施。

然而，医疗指南并不是法律，当遇到不同类型的案例问题时，它不过是参考标准之一。医疗人员判断时仍有模糊地带。

我有点怀疑，这种指南，真的帮得上一线医疗人员吗？本书不适合针对这一问题深入探讨。

事件之外

法官判断造成患者死亡的行为是否等于安乐死时，提出了多项可认定为安乐死的条件。

一般判例都是列举条件，表示符合这些条件或许可认定为安乐死。

符合"罹患不治之症""确认当事人的意愿""患者承受着难以忍受的痛苦"等条件，即可认定为安乐死，至今发生的诸多事件，是因为不符合部分条件而无法认定为安乐死。

如前文所述，单纯阅读判例，会以为符合这些条件就算是完美的安乐死，有法可依，不会违法。然而，据我所知，符合这些条件却被告到法院的医疗人员，还没有人能被判无罪。

另外，"东海大安乐死事件"的判决结果出炉时，我曾询问过法律专家的意见。对方的看法也是：并非符合判例列举的所有条件就代表法官会认定为安乐死。换句话说，该起案件只是陈述了"有罪"的根据，并不代表法官会因符合这些条件就做出"无罪"

的判断。如何定义安乐死与保证符合定义的安乐死合法，完全是两回事。

　　然而，这类案件判处有罪的量刑却明显比一般杀人罪更轻微，或者有缓刑，这代表司法界的判断还存在一定程度的宽容。更进一步说，日本司法界虽然并未公开表示，不过目前对完全符合判例条件的医助自杀和安乐死是默认不追诉的状态。

　　日本社会今后恐怕不会进展到像荷兰、瑞士或美国部分州一样，立法通过医助自杀或安乐死吧！

　　日本《刑法》中关于自杀的罪名共有 4 种："教唆自杀""帮助自杀""嘱托自杀"和"承诺杀人"。查阅这些法条，可以发现"自杀"行为本身不违法（日本《刑法》没有任何描述自杀违法的法条），但煽动或协助他人自杀属于教唆自杀罪和帮助自杀罪。倘若另外制定的教唆罪（教唆的量刑和正犯相同）或帮助罪代表煽动或协助等行为"违法"，自杀本身却不违法一事，就显得十分矛盾了。从目前的《刑法》可以感受到无论杀人者是受到真意委托，还是个人出于自由意志而承诺杀人，制定法律者都认为杀人（包括自杀）这种行为必须以刑法制裁。

六眼之下

这是我在本书第一次提到类似结论的意见：我个人基本上认为不应当经常否定医助自杀和安乐死。这是因为大家现实中都见过许多"活下去不见得是好事"的例子。

世界上有许多牺牲自己拯救他人的例子。例如，船只"洞爷丸"沉没时，有位牧师把自己的救生衣让给其他年轻人，最后成为波臣①。在第二次世界大战期间的纳粹集中营里，有许多人站出来代替他人牺牲。我认为这些行为不该遭到批判。回到根本问题，这些例子都违反了日本社会目前的表面共识，但一口咬定"生命的价值胜于一切"肯定是错误的。认为自己相信的事物价值超越生命，为了崇高信仰而

① 译者注：波臣，日语中指溺水而亡者。

牺牲生命，这些都不该被否定。

专家与公众对安乐死和医助自杀如何应用于现实社会，有过许多讨论。我认为，必须设置门槛，以免适用范围被轻易扩大，形成"滑坡现象"。日本新闻屡屡报道某家属因为长期照护绝症患者造成身心沉重负担，结果发生了子杀父母、妻杀夫、夫杀妻等悲惨事件。这些例子虽然和末期患者主动想死的情况完全不同，但立法通过安乐死，或许会为这些人带来一些影响。我认为，这些可能性也必须纳入考量范围。

我的基本立场是：倘若当事人同意且当事人、亲近的家属和医疗团队建立起足够的信赖关系，不应否定在这种情况下执行的安乐死或医助自杀。

家父主修病理学，第二次世界大战后在家里开了一间小小的诊所。他曾经通过"六只眼睛之下"的说法，与我分享他实际执行过相当于安乐死的行为。

所谓"六只眼睛"，指的是当事人、医生和另一名家属或负责照护的人，彼此建立起信赖关系，在这种情况下执行安乐死。"对医疗一线人员而言，对患者采取致死的措施以缩短痛苦不是什么稀奇的事。"家父对我说这番话，是因为我将来可能继承家业，想当医生就得做好心理准备！当时我还是高二学生，认为父亲是在暗地问我是否已经做好了准备。然而，老实说，我实在没有勇气亲手夺走他人的性命。

当时，还没有多少人是死在医院的，医生、患者和家属之间的人际关系相当紧密。

我之前很少公开这个观点，不过我在和精神科医生 Naday Nada（本名堀内秀，1929—2013 年）的往来书信中（收录于《生与死的凝视》一书）提到："要是建立起紧密的人际关系，我认为医生是可以帮助需要安乐死的患者稍微缩短寿命的。"对方在回信中也表示："正如您所言，安乐死不是现在才出现的，而是因为以往的医生、患者与家属的关系较为紧密，才没有成为问题。换言之，现在安乐死等医疗问题浮上台面，是因为医疗第一线的紧密关系已不复存在。"

然而，他也补充道："尽管我的想法与推动安乐

死立法的人十分接近，但是我与安乐死立法运动还
是一直保持着距离。我不明确表示赞成，是因为觉
得这个问题无法立法。要是立法通过安乐死，我很
担心安乐死会变成某种权利或义务。"我也赞成他的
看法。

森鸥外与《高濑舟》

回溯过去，森鸥外（1862—1922 年）对安乐死
也曾表达强烈的兴趣。他既是医生，也是著名作家。

森鸥外的次子森不律出生半年后便夭折。根据
家人证言，当时鸥外不忍儿子受百日咳折磨，于是
同意医生施行安乐死。其日后成长为作家的长女森
茉莉，在 5 岁时也罹患百日咳，也曾面临是否需要
安乐死的处境（出自小松美彦《名为"自决权"的
陷阱》）。

森鸥外既是父亲，又是医生，正因为曾亲眼看
见亲生子女承受痛苦，不得不做出决定，所以才会

写下《高濑舟》这部作品。他本人也解释过提笔的原因。

"无论是何种情况，都不得杀人……然而，这并非是套用死板的规定就能轻易解决之事。这里有一

日本文学家森鸥外（左）与森茉莉（右）父女（图片来源：Wikipedia）

名遭受病痛折磨、生不如死的患者，完全没有救治的方法……即使是受教之民，想到对方如果迟早都要死，必定会产生让他不用受尽痛苦折磨、早日解脱的同情想法。此时就会产生给予麻醉药是好是坏的争议。就算药量不会致死，但施以药物或许多少会令死期提前。因此不得投药，只得让患者持续痛苦。过往的道德标准，是要求患者忍受折磨，但医学界对此一直存有异议，也就是说，既然已经因为濒临死亡而痛苦，就应该让患者死得轻松，从痛苦中解脱。这就是 euthanasia（意指让人死得轻松）。"（森鸥外《高濑舟缘起》）

　　这里的"euthanasia"，即英语中的"安乐死"一词，由希腊语中的"好"和"死"两个词根组成。

　　现在的医疗现场，不可能在只有"六只眼睛"的注视下送终。主治医生无法 24 小时值班，自然是与其他医生轮班看诊，并改由医生以外的辅助医护人员所组成的团队随时在侧。

　　现在的医疗环境，是在众多辅助医护人员陪伴下走完人生最后阶段。病痛之际能接受完整的治疗，当然是非常理想的环境，但也正因为处于众目睽睽之下，尊重患者意愿而终止维生措施，或医生从一开始就不采取医疗措施，可能会遭患者家属或医疗团队起诉。

什么是自决

回顾过去的安乐死事件判决，可知最重要的是当事人的意愿。既然如此，是否当事人决定了就能允许安乐死了呢？我认为当事人的意愿当然是必要的条件，却不是唯一的条件。议论是从"当事人这样想，我们该怎么做"开始。

如前文所述，欧洲多国与美国部分州已经立法通过了安乐死与医助自杀，理由是尊重当事人的自主决定。

自己的命运掌握在自己手里，理当自行判断行为。既然生死是当事人自己的，所以决定权也在他自己手上。

荷兰在立法通过医助自杀和安乐死之后，适用对象由末期的重症患者扩大到认为年老失能会导致自己无法实现生命意义的健康老人，甚至扩展到年轻人，这也是基于自决权的概念。

主张尊重自决权，不会有多少反对之声，但是自决的范围一旦扩大到死亡，恐怕每个人的想法就不一样了。

个人主义的由来

一般认为，日本人缺乏个人主义，往往由于群体主义而屈服于周围人的压力。就算意见不同，也会少数服从多数。

个人主义的英语是"individualism"，出现于 19 世纪初期，原本是一个负面概念。更古老的"民主"一词，更是一直带有负面意义。

《民主在美国》是法国思想家阿历克西·德·托

克维尔（Alexis de Tocqueville，1805—1859 年）的著作。他在 19 世纪 30 年代初期前往美国，恰好是"个人主义"一词出现的时期。

民主主义的英语写作"democracy"，"demos"是大众之意，"cracy"是统治之意。贵族政治的英文是"aristocracy"，因此"democracy"原本指的是一种统治的形式，应当译为"民主统治"或"民主政治"，而非"民主主义"。

从托克维尔的全名可知，他是一名贵族。依照他的观念，由大众指挥的统治系统本来并不可取，实际上美国关于建国的多项历史文件中也都避免使用"民主主义"一词，而是称其为"公民政治""公民统治"或"共和制"。由此可知，以当时的常识而言，"民主主义"一词基本上带有负面的语意。

然而，托克维尔走遍美国各地，却发现美国似乎用某种方法掌握了这个满是漏洞的"民主主义"。

这个结果令他十分意外，因此著书向欧洲读者介绍美国的民主主义。书中提到，民主主义的根本就是个人主义。个人主义虽然不同于利己主义，两者却都是重视自我，最后容易陷入自我中心主义。这些主义都是引导人类看重自己的内在意识，所以在解决公民问题时难以发挥作用——这是古人对"个人主义"的理解，不是我自己的诠释。在此提醒大家，个人主义一词，源自"不可分割主义"，与希腊语中的"原子论"（atomism）一词同源。简言之，就是社会分割至最小单位（个人）。民主主义也是以社会中的"大众"（个人的集合体）为前提。因此，19 世纪初期欧洲一般对民主主义和个人主义的解释，是两者都带有负面意义。

既然如此，美国人又是如何改造了满身缺陷的民主主义呢？托克维尔的观察是，通过仰赖各式各样的结社（association）。

结社是指社会中的个人主动与他人合作、建立社群以达成目的。这些社群有的庞大，有的渺小，有的严肃，有的搞笑。建立的目的应有尽有，琳琅满目，包括举办庆典、创办宗教学校、建造旅馆、建立教会、发放书籍，以及派遣传教士到偏远地区……基本上只要是创业，美国人几乎就会结社。从医院、监狱到学校，都是结社的产物。提到要推展新事业，在法国带头的是政府，在英国是大地主，到了美国则处处都是结社。托克维尔对此深表认同。

大家相信有人会为了禁酒而"结社"吗？美国曾经有过10万群众寻找伙伴，一同宣誓不喝烈酒。托克维尔刚听到这件事时，也是难以置信。个人主义明明容易沦为自我中心主义，却凭借个人与个人携手打造的"结社"克服了这项缺点。他认为这是美国最大的发明。

自行决定与自决权的区别

古人认为，个人主义是近代公民社会的一大缺点。近代之前，人们仰赖地缘、血缘或身份制度建立起彼此的关系。到了近代，却因为个人主义兴起，失去了彼此的关联，导致社会不再团结。托克维尔认为，个人被迫以自然状态独自存在，民主主义便是建立在一盘散沙的基础上。这或许就是他发现的近代社会的一个弊端。

独立的公民同时也是孱弱的个人，几乎成不了任何事，也无法强迫他人成为伙伴来协助自己。早期的美国，解决这个问题的方法就是结社。

自行决定难免让人联想到个人主义。用个人主义解释人生掌握在当事人手中，就没什么好多解释的了。然而，实际情况真是如此吗？美国的"结社主义"或许为这个问题提出一种解答。倘若结社是解决个人主义问题的答案，自然可能产生人生（包括死亡）并非个人的所有物这种想法，也就是可以认定死亡不是个人所有，而是与自己相关的集合体关系密切。

简言之，尽管个人期盼尊严死或安乐死，家属却不见得抱有相同的想法。遇上这种情况该如何解决呢？

立法通过安乐死，代表出现不想选择安乐死的患者或其家属，可能会遇上其他人质疑："为什么不去死？""为什么不让他去死？"究竟该怎么做，才能预防这种情况呢？

另一个严重问题是，应家属强烈要求而屡屡延后患者的死期，是否代表原本可以用在其他患者身上的医疗资源就这样被"浪费"了呢？从其他角度分析，提供维生措施也意味着院方能获得一定利润。

换句话说，如此有待讨论的问题浩如烟海。单凭大肆宣扬自决权就能说是"社会正义"了吗？这是个很值得深入探讨的问题。我原本就不喜欢"自决权"这个名词。权利到最后往往会沦为规范行动的标准。

我从生物伦理学者小松美彦身上学到了"自行决定不等于自决权"。小松读研究生时是我的学生。

谈到安乐死与尊严死的问题，我首先浮现脑海的便是美国的"卡伦事件"。因为这起事件起因于法院认为当事人的意愿最重要，所以舆论开始倾向于死亡可以自行判断。我是在小松的两本著作《死亡共鸣》《名为"自决权"的陷阱》中读到的这番分析。

　　他主张："死亡是在关系当中成立，而且是只能在关系当中成立的事件。人类无法以权利的方式拥有或处理死亡。"

　　人类的日常生活是由众多微小的"自行决定"累积而成的，要不要喝眼前这杯咖啡？要不翻开记事本？要不要接电话？这些选择全都是由自己决定。之所以能做出这些决定，是因为咖啡、记事本和电话的主人都是个人。然而，死亡影响的不只是个人，还包括照顾的家属、治疗的医生和看护的护士，死后还有来吊唁故人的人。

　　"我认为死亡自决权，是指人类把死亡当作个人的所有物，硬是想凭借个人的力量掌握死亡。人类本来就不可能对不属于自己的事物下决定。我强烈认为，把权利的概念套用在死亡上是打从根本误会死亡的本质。"（《名为"自决权"的陷阱》）

　　正因为是自己的人生，时刻都得自行决定该怎么做。尽管法律保证人民决定的权利，但是生死大事并不包含在这种权利当中。我有时会不禁折服于小松的主张。

为了遗属

内科与精神科医生柏木哲夫在淀川医院开设安宁照护服务，长期负责临终照护。他在著作《聆听迈向死亡的患者心声》中介绍了以下的案例。

一名女性患者因为胆囊癌末期住院接受安宁照护。她的丈夫早已过世，亲人只剩下 2 个女儿。长女由于不顾父母反对而结婚，后又离婚，与家人疏远。次女则一直留在母亲身边，母亲生病后也由她负责照护。

患者本人是尊严死协会的会员，已经申请不接受违反自然的维生治疗。她开始出现黄疸症状，身体急速衰弱，次女和医疗团队也已经做好准备，要配合当事人的意愿。

平常疏远的长女，此时竟然提出意见，希望母亲接受手术治疗。手术效果虽好，却会对身体带来沉重负担。她似乎是因为母亲即将离世，希望对方能多活一天是一天，好让自己弥补之前的过错。次女则因为会对母亲的身体造成负担而强烈反对。两人之间似乎发生过激烈争执。

由于两人的对立实在太激烈，医生不得不居中调解："直接问问当事人的意见吧？"说明情况之后，当事人表示愿意接受手术。

她当初为了走得安详，特意加入了尊严死协会，最后却是选择尊重长女的意愿，接受手术好延后死期以与长女和解。她会做出这种一反平日主张的决定，不是为了自己，而是为了长女。

然而，到了手术当天，长女竟然赶到医院，要求院方停止手术。相信这也是她深思熟虑后的结果吧！结果患者在 5 天后安然离世。

我认为这个故事说明了一点：死亡不仅是当事人本身的问题，也与至亲家属息息相关。对家属而言，陪伴亲人度过病重到死亡的这段时间，是不可取代的珍宝。

所谓的"家属"包括了许多人，有各自的背景，关系错综复杂。现代社会也有很多例子是与患者关系最亲的家人，而并非法律上的"家人"。

把生死观化为言词

无法确认当事人意愿或缺乏推测意愿的资料时，现场的医疗人员无法单凭家属一句"请继续治疗"或者"我们受够了！不要再治疗了！"来行动。更别提还有些偶尔才来探病的亲戚往往对于如何治疗指指点点。我记得心理学家河合隼雄（1928—2007年）把这种情况命名为"远亲症候群"。重要的决定受到这种"天边孝子"左右，实在是让人万分困扰。

再次强调，我们生活在现代，不能再对自己的生死问题一头雾水。尽管不见得有决定一切的"权利"，但还是必须厘清自己的意愿。然而，光有想法还不够，把想法说出来也越来越重要，至少要告知我们的家人或家庭医生。

　　负责诊断末期患者的医生，可以试着与家属谈谈："患者前阵子告诉我一件事。"家属如果还没向患者本人确认，也不要用"不吉利"等说辞蒙混过关，而是与患者聊聊："之前医生提过的这件事，你是怎么想的呢？"

　　无论安乐死、尊严死还是末期镇静，其必要条件都是由患者自行决定。因此医患之间建立起信赖关系之后，必须通过沟通确认患者意愿。

　　医疗的最大目的是治好患者，患者的死亡就是医疗失败。我想特别强调的是，尽管医疗的前提是治愈患者，但其他人还是必须尊重一些在紧密关系之下做出的决定。

　　倘若患者没有机会表达意愿，家属也没有足以推测的信息，完全遵照指南，结果发现中止维生治疗是"对患者的最佳做法"时，我认为必须尊重医生发自良心的判断。

　　确认当事人的意愿，加上医疗团队诊断与家属同意再行判断，这是最理想不过的。要区分三者孰轻孰重，又是另一个难题了。现在的许多人身边没有亲近的家属，这类问题无法用一个固定的公式解决，有时只能仰赖医疗团队的良心。

如何判断患者能否承受当下的疼痛同样极为困难。许多疼痛可能在客观评估下是能忍受的，当事人却觉得痛苦难耐。

医疗与制药的技术日新月异，就算到不了"魔弹"的地步，但原本以为是"不治之症"的疾病，也可能出现足以缓解的药物。毕竟也有过这种情况，医生宣告只能再活半年的胰腺癌患者，因注射欧狄沃（Opdivo）而几乎消灭了所有癌细胞。尽管欧狄沃从未被认定是胰腺癌的治疗药物。

人的想法可能改变

关于生死的决定，不是用文字记录下来就完了，必须时时检讨、订正。社会学家上野千鹤子反对安乐死与尊严死，如她所言，人的意志可能随情况改变，并非坚定不移。

2018 年 8 月，东京都公立福生医院有一名女性（当时 44 岁）因肾脏疾病接受人工透析治疗，她咨询医生的意见后中止治疗，1 周后过世。据说，当医生告诉她有中止人工透析这个选项，而她选择之后，在死前表示"早知这么痛苦，我就不中止了"。

事件是在 2019 年 3 月由《每日新闻报》独家报道而曝光。据说该女性用手机发了一行文字信息给先生，字迹看起来像"救救我"。

日后报道该医院有包括该名女性在内的 4 名患者因中止人工透析而死亡，另外还有 20 名患者是因没有接受人工透析而死亡。

院方表示，在该名女性心情平静时曾再度确认她的意愿，对方表示不愿意重启人工透析治疗。

东京都政府因为未保留确认患者意愿的文件等数项缺失，发函要求福生医院整改。院方的回答是"真心诚意接受指导"，似乎不觉得确认患者要求中止人工透析的步骤有任何疏漏。我想遗属应该也是心有不甘的。这个案例值得我们注意。

我想选择安乐死

剧作家桥田寿贺子①曾向《文艺春秋》杂志社投稿《我想选择安乐死》一文，刊登于 2016 年 12 月刊。

当时桥田 91 岁，过着独居生活。丈夫比她先一步离开，两人没有子女，身边也没有亲属。

文章大意如下：倘若罹患失智症，她希望能选择安乐死，以免给身边的亲人添麻烦。由于日本安乐死不合法，她想去瑞士成为协助自杀团体会员，并希望日本也能像瑞士一样，早点立法通过安乐死。

她在文中表示"新闻上报道儿子为照护父母而辞去工作，结果却因为绝望而杀害卧病在床的父母，或老人照护老人，最后照护方杀害受照护方后再自杀。看到这些我总是心如绞痛。要是有安乐死制度，

---

① 桥田寿贺子（1926—2021 年），生于朝鲜，日本小说家、剧作家，1950 年以优异成绩考入日本私立第一学府早稻田大学文学部，同年加入松竹彩片公司大船制片厂的剧本创作部，电视剧本代表作有《阿信》《血疑》《女大阁记》《邻居》等，其文学作品获奖无数。

就能预防这些悲剧了"，所以"应当早日立法通过安乐死"。

对于此，各方反应不一，部分读者表示"终于有人说出我们的心声了"，也有部分人表示"像桥田影响力这么大的人，不该说这种话"。由于读者反响热烈，此文获颁该年度文艺春秋读者大奖，即读者票选出的该年度最有趣的报道。

《文艺春秋》也及时回应，在 2017 年 3 月刊上以问卷的形式调查了多位专家学者对安乐死与尊严死的看法。

答题的学者共 60 人，赞成安乐死者 33 人，仅赞成尊严死者 20 人，反对安乐死与尊严死者 4 人，放弃回答者 3 人。

赞成安乐死的理由以"人有死亡自决权"为主。也有人表示"生不能自己选，好歹死的时候要自己做主"。还有一些声音是"人生要自己负责，死亡自然也应该自行决定""自由的社会允许民众自行决定人生，当然应该认可死亡自决权"。

此外，也有不少人赞成桥田的主张，表示"不想给身边的人添麻烦"。

另一部分人则表示"人类明明不能选择自己出生的时机与方式，却以为可以选择何时死亡和怎么死，这种想法过于傲慢""所有生物都是自然死亡，人类也不例外"。

值得留意的是，患有肌萎缩侧索硬化的法国文学学者篠泽秀夫（1933—2017 年）表示："我戴上人工呼吸器，是为了和病魔战到最后一刻，选择安乐死就代表我输给了病魔，我绝对不会这么做，也没想过要这么做。"

从意见大相径庭就可知，连专家学者们也没有定论。

编辑部因半数以上的人赞成安乐死而大吃一惊，赞成尊严死者竟高达 2/3。根据 NHK 在 2014 年所做的"生物伦理概念调查"可知，赞成安乐死者占73%，赞成尊严死者超过 84%。相较于舆论调查的结果，专家学者赞成安乐死或尊严死者人数远低于一般大众。

不想给人添麻烦

安乐死是一种禁忌，不应该简单被认可，只有设立门槛，才能避免适用范围逐渐扩大化。实际上荷兰等安乐死的先进国家已经出现了这种现象。

在前文提到的投稿中，桥田表示"不想给身边的人添麻烦"。她没有子女，而有子女的人可能也不想让孩子为照护自己而吃苦。

"不要给别人添麻烦"要是成为强制选择安乐死或尊严死的理由，会成为严重的问题，但我认为，也不能一面倒地否定当事人因不想给家人添麻烦，做出的以为对家人最好的决定。

尽管情况可能与桥田不同，但世界上毕竟还是有人长期处于社会边缘，没有亲朋好友，孤苦无依。当这种人因为长期孤独痛苦，祈求早日解脱，提前赴死时，医生如果选择协助送他上路，不该受到社会的严厉批判。

医生们的负担

在《文艺春秋》的专家学者问卷调查中，也有意见表示："我认为不应强迫或委任家属、医疗人员决定患者的生死。"

想要委托医生执行安乐死或尊严死，患者也必须了解这件事情可能带给医生巨大的心理负担。患者放弃与家人、医疗人员沟通、建立关系，不可能走得心无挂碍，让自己和众人都心服口服。

反过来说，医生也必须打开心房，不断尝试与患者沟通，了解临终的患者期望如何离开人世。

此外，有些医生因为难以判断患者何时进入末期而反对尊严死与安乐死。

厚生劳动省与诸多学会发布的医疗指南都强调，判断是否进入末期阶段应由多人组成的医疗团队达成共识，而非主治医生的个人意见，借此排除灰色地带。

射水市民医院等医疗院所终止维生治疗之所以遭到举报，在于是医生个人的"独自判断"。比起个人的意见，自然是多名医生讨论后做出的决定较能说服患者或家属。

患者进入末期阶段时，要停止已经开始的治疗，以及一开始就放弃该阶段可能接受的治疗，这两者所需的心力不同。

无论是做胃造口①还是装人工呼吸机，要家属或医生因为"死期将近，继续治疗只是增加患者的负担"而放弃已开始的治疗，这些都是极为困难的决定。

实际上，除非当事人或家属明确表达意愿，院方基本上都会选择执行新疗法。

医生看到眼前的患者因为疾病而受苦，当然会想做点什么以延续对方的生命。院方也有不想中止治疗的现实考量。毕竟不采取任何措施单纯送终，只是提供场所让患者度过人生最后阶段，无法赚到钱。放弃治疗也可能遭到患者或家属批判"明明还有其他治疗方式，为什么那时候不肯做"，甚至告上

————————

① 译者注：胃造口，正式称呼是经皮内镜胃造口术（percutaneous endoscopic gastrostomy, PEG），消化道因某种因素导致不通或吞咽困难者，以手术另建通道，接造瘘管于腹部外，使用灌食空针灌食，解决患者营养上的问题。

法院索赔。医疗机构自然会想避免这种情况。

日本的末期治疗之所以给人过度治疗的印象，是因为虽然不能断定医院是"不得不做"，但是至少不是完全没有根据的。

想改变这种现况，必须一点一滴改变末期医疗的前提条件。

我再三强调，倘若医生与患者、家属有机会充分沟通，情况或许会发生改变。"虽然现阶段有这种疗法，不过对患者而言只是承受更多的痛苦，所以我不是很赞成采用这种方式。如果你们还是想试试，我们就来试试吧！"事前充分说明，并且获得患者本人或家属同意，相信应该能避免刑事诉讼或其他法律纠纷。

末期镇静的意义

末期镇静，又称缓和镇静（palliative sedation，PS），是缓和医疗的重要一环，也是比较接近安乐死的医疗行为。

末期镇静的目的是为缓解末期患者的疼痛，施以降低清醒程度的药物或刻意给予舒缓疼痛的药物以降低清醒程度。通常使用的药物是咪达唑仑等苯二氮䓬类镇静药。

日本缓和医疗学会发表的 2010 年版指南对"镇静"的定义如下。

① 给药目的为缓解患者疼痛，降低清醒程度。

② 给药目的为缓解患者疼痛，并且刻意降低清醒程度，维持此状态。

手术前的局部麻醉不在此列，至于非刻意造成的清醒程度降低及维持状态则符合该定义。

缓和医疗学会的指南以数据证明接受末期镇静的患者与自然死亡的患者死期相差无几。

这表示直接致死的原因并不是镇静药。认定镇静药不会缩短寿命，代表学会主张末期镇静明显不同于积极安乐死，不是由医疗人员造成的患者死亡。

末期镇静的一个基本出发点为：既然末期患者早晚都会告别人世，与其忍耐疼痛，保持清醒，还不如舒缓疼痛却意识模糊，这样不会太痛苦。尤其是患者剧烈疼痛时，末期镇静的做法是增加药量，进入深层镇静。此时患者无法与外界沟通。

至于是在没有意识的状态下与世长辞，还是忍耐疼痛与送终的家人、医疗团队告别，逐渐迈向死亡，应该每个人心中都有一把尺。相信有些人是觉得"我就是怕疼"，有些人则是"就算痛苦也要在清醒的状态下离开"。

日本式的折中方案

换个角度看，倘若特意降低患者清醒程度，导致无法与外界沟通的前提条件是进入末期阶段，代表接受末期镇静的同时就已经开始迈向死亡，再也无法回头。因此向当事人确认是否愿意接受末期镇静，其实代表下一刻就要站上死亡的起跑线。

以器官移植为例，脑死亡虽然和末期镇静定义不同，单就没有意识和无法与外界沟通等相似情况而言，医疗人员是把患者视为"遗体"的。

既然如此，患者因末期镇静而陷入"深层镇静"、迈向死亡的这段时间，究竟是为谁而活呢？

家属或许会觉得，就算无法交谈，单是看着患者面有血色地睡着，想着对方还活着就很高兴了。然而，这样跟脑死亡有什么差别呢？

此外，医疗人员无法预测这种情况会持续多久。脑死亡后为了取得新鲜的器官，通常都会尽快解决。患者在接受末期镇静后多半一两天或数天便撒手人寰，不会持续到半个月或数十天。镇静状态持续过久，家属不免会要求："也太久了，差不多该住手了吧！"这种情况代表家属不愿意单凭院方的判断继续镇静治疗。

如同前文所述，不可否认的是，对院方而言，比起什么都不做，做胃造口或持续从静脉注入营养液等做法，多少还能增加一点收入。这种情况实在有些讽刺。

更严重的问题是，原本第一要件是确认当事人的意愿，而当事人进入深层镇静后便无法表达意愿。

尤其是指南提出的条件，在这种情况下根本无法取得当事人"同意"或"接受"。

原本判断患者是否有意识，就已经是个艰巨的任务了。尽管足以确认患者意识不清是因为注射了镇静药，但院方无法确认陷入昏迷状态的患者究竟是否丝毫没有意识。

尽管如此，由于日本不允许积极安乐死，因此医疗人员在无法消除患者疼痛时，仍旧选择末期镇静治疗。医生执行积极安乐死是违反了"希波克拉底誓言"，违背了生物伦理。

安乐死一事难以取得社会共识，是个非常敏感的问题。因此用末期镇静这一折中方案取代安乐死，同时减轻了医生直接执行安乐死对心理造成的沉重负担和罪恶感，是非常日式的折中办法。

学会态度更加慎重

前文讨论的根据是 2010 年版《缓解疼痛的镇静

指南》。日本缓和医疗学会在 2018 年对该指南修订，并更名为《癌症患者的顽固型疼痛与镇静基本概念索引》。更名的理由是"因为缺乏缓解痛苦用的镇静相关证据……所以判断难以采取一般医疗指南……的形式"。将"指南"更名为"索引"，则是因为"同时记载目前仍在讨论，尚未达成结论的事项"。

最新版把适用对象限定于癌症患者，是因为编辑指南的综合委员会成员多半缺乏非癌症患者的缓和治疗经验，加上除癌症患者以外的缓和治疗标准不如癌症明确。

老实说，日本缓和医疗学会应该是因为社会大众对末期镇静议论纷纷，才会格外慎重。

索引也修改了镇静的定义："缓解疼痛的镇静定义为无论医生是否有意降低患者的清醒程度，'目的为缓解顽固型疼痛而给药'。"

该索引之所以"尽量避免以是否有意降低清醒程度为镇静定义"的原因如同前文所述，是因为降低清醒程度和确认当事人意愿难以两全。换句话说，索引的"日式折中风格"变得更强烈了。

由此可知，期盼社会大众对末期镇静达成共识，可以说难如登天。

医疗人员与家属的痛苦

然而，部分负责执行末期镇静的医疗人员和家属却因而受苦。

根据 NHK 和日本居家安宁照护协会在 2015 年发起的问卷调查发现，有四成的居家安宁医生表示"过去 5 年曾执行末期镇静"，其中有两成人认为"与积极安乐死相比没有什么差别"。

NHK 的新闻节目《Close up 现代 +》在 2016 年播放了关于末期镇静的特辑（《如何决定"人生的最后一刻"——末期镇静造成的内心冲突》），节目中介绍了患者的妹妹为患者施打镇静药后心如刀割，觉得"自己也是姐姐离开人世的原因之一"。

医疗人员的心灵创伤及家属的苦楚，都是今后讨论安乐死问题必须一并纳入考量的要素。

末期镇静促使部分人士认为，迈向死亡的这段时间不过是"延后死期"，没有意义。就连像荷兰这样接纳安乐死的国家，竟然也有医生认为"还不如执行安乐死比较好"（沙博茜《选择安乐死》）。

摆脱病痛

"疾病"代表一个人受到病痛侵袭，正在承受病痛，而医疗的目的是让患者摆脱病痛。

医疗不是从死神手中救下患者，而是解决患者的痛苦。这本来是理所当然的目的，却经常遭人遗忘。正因为是现代，社会大众才更应该进一步讨论这个主题。

带领患者摆脱病痛，并不等于就是要让患者安乐死。

正如森鸥外所言："当医生发现唯一解决病痛的手段是安乐死，而且能证明这个判断正确时，就必须把安乐死列入医疗的选项。"倘若当事人或家属也认为没有其他办法能解除肉体痛苦时，我认为森鸥外的主张是正确的。

然而，现在的医疗人员却很难说出这种话。这是因为镇静药的发展日新月异，足够抑制肉体的疼痛。

带领患者摆脱病痛，并不违背医疗原本的目的，但这种状态对患者而言，真算得上是精神与肉体都幸福吗？我认为一定有患者觉得，只要能与深爱之人再多聊上一两小时，就愿意承受病痛然后死去。

第 4 章

医疗资源、经济与安乐死

他们为何无法告别

"长生不老"不仅是个人的愿望，也是家人的企盼。我认为这是生命的原始欲求。

尽管如此，现在日本末期医疗一线人员所面临的现实却是患者赤裸裸地抱怨"总也死不了"。答案包含了以下几个原因。

第一个原因是医疗进步。由于药物、维生设备与人工透析等医疗技术整体提升，过去许多只能听天由命的疾病，都不再是不治之症，可以通过人为力量延长患者的生命。今后技术依然会持续进步，想必能够惠及全人类。

第二个原因则是经济原因。医疗机构不是神仙，无法靠餐风饮露就能治疗患者。医院想要经营下去，就必须得赚钱。日本医院不分公立或私立，都必须确保不会赔钱。就此观点而言，使用尖端技术延长患者寿命是非常昂贵的。当然院方视经营与收取治疗费用为优先，本身就是值得讨论的问题。

然而，把医院当成企业来看待，经营确实是一个不可忽略的严重问题。例如，麻生泰（1946—　）的著作《开朗改革医疗现场》等书，便提出了一个解决办法。此书着重从根本上重建护士在医院的立场，以老板的眼光筛选出医院的不良情况并逐一改善。麻生后来也持续公开努力的成果。

胃造口与医院经营

以欧洲为例，基本上只有将来有可能康复的患者才会做胃造口。

然而，日本的情况却是只要无法从口摄取营养，就连来日无多的患者都会用胃造口来补充营养。不同于从静脉注入营养液，胃造口是从胃部直接补充营养。胃接触到食物所造成的刺激，可能会促使其他功能的恢复，不一定是坏事。

然而，我深深觉得这种做法有问题，是因为听到好几家提供医疗服务的安养院要求入住时必须签订同意书，表示"不会拒绝施行胃造口"。这种同意书等于在紧急情况下，患者本人或家属都不能拒绝做胃造口。

要求当事人一定要做，是因为胃造口的医保点数很高[①]。直到日本于 2014 年调整医疗费用给付标准之后，才开始在一定程度上抑制了医疗机构随意施行胃造口术。吞咽困难的患者很容易患上吸入性肺炎，照护难以经口摄取营养的患者进食，既费时

① 译者注：日本于 1927 年建立卫生保险制度，并实施《医疗报酬点数法》，此后经过 3 次较大的修改。医保支付主要按服务项目收费统一支付。患者可自由选择医院就诊，医疗保险一般不实行定点医疗，根据"点数表"进行积分计算，从 2003 年 4 月采用病例组合支付方式制度代替传统的按服务项目付费的制度。日本点数法有效控制了医疗费用的上升，也导致医院过多提供医疗服务项目，诱发了过度服务、医保部门行政管理成本高等。作者此处是指胃造口的医保自费比例高，医院借机牟利。

又费力，所以倾向施行胃造口以减轻照护者的负担。无论如何，经济条件都是一大考虑因素。

第三个原因是医疗机构没有采取所有维生治疗而导致患者过世时，可能会遭人追究刑事责任。最终结果完全要看是否遭到起诉。目前为止警方已经介入好几个类似的案例。

这些案例带给医疗机构很大的冲击。患者或许觉得这些事没什么大不了的，但却是决定医疗人员是否真的放手不急救的重要因素。

除此之外还有一个根本问题是：医疗人员认为患者死亡是自己的治疗失败。总而言之，本节提出的三种原因相互影响，结果造成了末期患者陷入了"死不了"的困境。

禁忌的说法

日本迟迟无法立法通过安乐死与尊严死的另一个理由与医疗没有直接关系，而是由于人权问题。

　　"人权"一词，在第二次世界大战后的日本社会变成不容置疑的律条，就如同尚方宝剑，亮出来便所向披靡。因此，思考安乐死与尊严死的问题时，人权成为不可忽略的要素之一。例如，瑞士协助自杀团体的一位代表便强烈主张：协助想要自杀的人如愿，不过是尊重"人权"罢了。由此可知，"人权"的定义复杂多变。

　　因此，我个人认为，在讨论安乐死与尊严死之际，不应该轻易拿出"撒手锏"，以免妨碍讨论的进行。

不断膨胀的医疗费

　　根据厚生劳动省的调查结果，日本 2017 年度的国民医疗费（属医保给付范围的伤病治疗费用）约为 43.1 万亿日元[①]，创下新高。其中自付比例为 11.6%，共 5 万亿日元[②]。因此医疗费用约九成是由税收与保险费（相互扶持的社会福利制度）所支付的。

---

① 译者注：当时约合 2.21 万亿元人民币。
② 译者注：当时约合 2570 亿元人民币。

　　日本政府规定 75 岁以上的高龄人口为"后期高龄者"，并于 2008 年推动了后期高龄者医疗制度。我也是这一政策的受惠人。后期高龄者医疗制度的给付金额，在 2017 年度是 14.8 万亿日元[1]，占医疗费总额的 34%。

　　预计后期高龄者的医疗费用仍会持续攀升。根据健康保险协会联合会估计，第二次世界大战后"婴儿潮"一代在 2022 年进入后期高龄者阶段，医疗费用将暴增至 57.8 万亿日元[2]。

　　针对医疗费持续膨胀一事，我曾经提议变更付费方式，改为先由患者全额支付，再利用保险制度退费。这是因为，患者自己付过一次全额之后，多少应该会改变对医疗必要性的认知。不过，这种做法有两个弊端，一是会提高低收入户接受治疗的门槛，二是增加了大量行政工作。我认为第一点可用特例的方式处理，第二点则是期待人工智能进步到足以代替人类负担行政工作。我认为，现在正是使用这套方法的好时机，可惜似乎还是窒碍难行。

---

① 　译者注：当时约合 7600 亿元人民币
② 　译者注：当时约合 2.97 万亿元人民币。

患者的自付比例占医疗费的一成。这一成究竟是多是少，意见纷纭，但回顾历史可以发现，人们长期认为患者理应全额给付。

反过来说，自 1973 年以来，日本的高龄人口有一阵子甚至看病不花钱。一部分声音认为老人提供免费医疗，是日本医疗政策史上最大的败笔（岛崎谦治《重新追究医疗政策》）。2002 年，日本通过修订《健康保险法》等措施，将高龄人口的自付额调整为一成。相较于退休前人口的自付额为三成，基本上 70—74 岁者占两成，75 岁以上后期高龄者占一成。我现在虽然已经 83 岁高龄，完全是后期高龄者，但因为在养老金之外还有些许收入，必须"自付三成"。

该不该放弃维生治疗

在讨论医疗资源问题时，若以削减社会福利经费为由检讨过度的或无意义的维生治疗，很容易引来反对声浪，例如"这是轻视人命的行为"，或马上祭出"尚方宝剑"——无视人权。不先排除偏见，我们很难讨论合理分配与共同负担等根本问题。

社会学者古市宪寿通过小说《平成君再见》讨论了安乐死。此书入围了 2018 年下半年的芥川龙之介奖。在天皇确定以禅让方式为平成年号画下句点时，作品的时代背景设定为日本已立法通过安乐死，我们可以感受到作者的用意。

小说发表后，古市和同为 30 多岁的媒体研究家落合阳一在文艺杂志《文学界》上进行对谈。古市在这次对谈中建议对进入末期的高龄患者提议"放弃最后一个月的维生治疗"。《朝日新闻报》的文艺时评家矶崎宪一郎等稍后对此发表了严厉批判。

医疗经济学者二木立也站出来反驳古市的言论，他表示，末期高龄患者的医疗费用不见得要挤压医保开支。

二木的主张是根据医疗经济研究机构在 2000 年发表的报告。报告显示，所有死者在死前一个月的治疗费用为 7859 亿日元[1]，占整体国民医疗费用的

——————
① 译者注：当时约合 400 亿元人民币。

3.5%。厚生劳动省保险局在 2005 年公开了 2002 年度末期医疗费用（死前一个月花费的医疗费用）约为 9000 亿日元 [①]，占同年度"医生诊查费"的 3.3%。

日本中央政府在 2007 年 5 月发布的资料，也是以 2002 年度的医疗费用来计算的，最终得出"末期医疗费"一样是 9000 亿日元，比例同样约占 3%。

然而，作为分母的国民医疗费总额是否合适，又是另一番议论了。

无论如何，古市放弃治疗的发言虽然突兀，却明白地暴露出"日本已迈入超高龄社会，不能再逃避讨论安乐死与维生治疗了"这样的事实。我认为，这些年轻人提出讨论，我们反而应该欢迎才对。

新生儿医疗的现状

人口老龄化不仅会挤兑医疗资源，更会对日本社

---

① 译者注：当时约合 481 亿元人民币。

会造成全面影响。然而，我最近发现，产前医疗、新生儿医疗发生的问题其实和末期医疗一样严重。医保开支之所以出现危机，不仅因为高龄人口的医疗费用暴增，0—10 岁的新生儿与儿童医疗费用其实也相当高。

其他先进国家规定终止妊娠的最高期限是 24 周。日本虽然没有明文规定，但根据前厚生省①颁布的通知是不满 22 周。

22 周的胎儿也是一条生命，医务人员自然会尽全力救治。我出生时的体重是 3750 克，在当时算标准体重，现在则流行"生得小，再养大"。日本的医疗技术有保障，现在就连出生体重不满 500 克的过轻婴儿也能救活。

由于日本的新生儿加护病房发达，出生时呈现假死状态或搁置不管可能立即夭折的婴儿也有机会存活并得到完整照顾。我认为这是值得向世界夸耀的一点。

拯救一出生便面临生存危机的婴儿，家长自不

_____

① 译者注：是厚生劳动省的前身机构，性质类似我国的卫健委。

用说，医务人员自然也是非常喜悦与自豪的。但这些患儿的预后状况不见得尽如人意，往往一两年也出不了院，或好不容易出院了也得一辈子定期前往医院接受治疗或检查。这对于医疗端或患者本身来说都是极大的负担。医疗费用更是一笔沉重的负荷，现在许多地方政府等单位正在制定减轻患者负担的政策。

顺带一提，日本国立成育医疗研究中心原本是"儿童医院"。原本的患儿长大成人之后，无法再由儿科医生持续诊疗。因此日本国立成育医疗研究中心由原本的儿童医院发展为特殊医院，目的正是让患儿成年后也能持续接受治疗。

许多人认为"老而不死谓之贼"，但在面对躺在加护病房里的婴儿时，恐怕就做不出放弃治疗的决定了。婴儿在人们眼里就是如此令人心疼。其实不只是人类的婴儿，动物的婴儿对动物本身和人类而言也都十分可爱。觉得婴儿可爱，应该是动物的天性吧！另外，医疗端对新生儿还会进一步分检，例如，国际上普遍默认不救助严重畸形或罹患重度疾病的新生儿。

器官移植与医疗资源

器官移植也是必须纳入考量的问题。日本在1997 年颁布了《器官移植法》，承认了脑死亡。尽管如此，日本依旧是发达国家中对器官移植最犹豫不决的国家。

日本人因受到和田移植事件[①]等负面案例的影响，难以接受脑死亡的概念。因此《器官移植法》通过之后，有段时期移植脑死亡患者器官的案例 1 年最多只有 10 例。2009 年修订该法细则，改为家属同意即可摘除脑死亡患者器官，以及未满 15 岁的脑死亡患者也可捐赠器官。尽管如此，捐赠器官的人数依旧偏低。

因此，发现子女罹患疾病，必须接受器官移植方能活命时，父母往往向社会发起募捐，选择去其他国家接受器官移植手术。

有时募捐活动响应热烈，足以筹到手术所需的

---

① 译者注：札幌医科大学教授和田寿郎于 1968 年施行日本首例心脏移植手术，术后发现疑似不符合移植条件，引发社会争议。

高额费用。我想这代表日本社会当中有许多人感同身受，这是件了不起的事。我也无意责怪一心想拯救子女的父母，但站在客观角度思考便能发现，出国接受器官移植手术，也等于抢在当地等待名单上的患者之前"插队"，即日本患者花钱抢夺其他国家有限的医疗资源。

其实现在安乐死也发生了类似的情况。寻求安乐死的人，因为所在国家没有立法通过安乐死，便前往可以执行安乐死的国家寻死。这种情况称为"自杀旅游"。

以美国为例，布里塔尼·梅纳德（Brittany Maynard，1984—2014 年）经医生诊断得知自己罹患恶性脑肿瘤，只能再活半年。她在 2014 年服用医生开出的处方药物，提前结束自己的生命。她死前在 YouTube 网站上发布视频，说明想"死得有尊严"，引来全球关注。她为了接受医助自杀，特意从加州搬到医助自杀合法的俄勒冈州。

至少梅纳德是在美国国内移动。如果非要跨国才能接受安乐死，那么就不再是患者个人的问题，而是事关医疗资源和医疗经济基础的社会问题。

　　前文提到，瑞士的辅助自杀机构"生命周期诊所"曾协助日本女患者小岛美奈自杀。该机构的创始人艾瑞卡·普莱希克（Erika Preisig）医生表示："我希望会员所在的国家都能允许协助自杀，而不必为了死得有尊严而特地来到瑞士。"（宫下洋一《安乐死现场》）

需要培养医疗行政专家

　　现在已经不是单纯讨论"高龄人口的医疗费用高涨，挤压医保，该怎么办？"的时候了。必须找出各类问题与矛盾的现况，针对如何正确花用有限的医疗经费，建立讨论的基础。

　　然而，日本根本没有培养医疗行政专家的机构。

　　近藤正晃·詹姆斯曾经担任推特（Twitter）日本分公司负责人，履历出色。因为他竭尽心力地推动，医疗行政的专业讲座才得以在日本举办。

他和东京大学医学院、东京大学尖端科学技术研究中心的教师等于 2004 年策划了医疗政策人才培育系列讲座。该讲座之后由公共政策研究所医疗政策教育与研究组承接，却于 2016 年不幸结束。今后的日本，我们更需要了解医疗与财政的专家，讲座就此告终实在可惜。

人类早已开始拣选生命

剧作家桥田寿贺子原本向社会诉求"请让我能安乐死"，但在 2018 年 3 月 5 日的《朝日新闻报》（数字版）刊登的访谈中，她却改口对记者说："我放弃安乐死了。安乐死在日本看来很难立法通过，所以我请求专业医生让我能以接近安乐死的'尊严死'告别人世。"

看来她不是真的要放弃安乐死，不过她说："我一说要安乐死，就会遭遇许多反对声浪。例如，骂我'说什么安乐死呢，人应该对生命怀抱希望，努力活下去'，或向我抗议'提倡安乐死可能强迫其他人一起赴死'。"

古市和落合在杂志对谈时也是一样。部分民众一听到安乐死，便强烈反弹，认为不该把这个词挂在嘴上，因此一直无法推动全体国民进一步讨论死亡自决权。

1996 年，日本国会修订了《优生保护法》，并更名为《母体保护法》。

《母体保护法》并未设置胎儿条款。所谓胎儿条款，意思是孕妇通过产前检测得知胎儿可能罹患法律规定的重大疾病或残障者，从而可以终止妊娠。英国、法国等欧洲国家的法律中都设有这项条款。

现在各界人士针对胎儿条款仍旧持续讨论，国会表决时却以"不得拣选生命"为由，放弃了这一条款。我认为放弃胎儿条款本身是正确的决定，神奇的是，以经济条件不佳为由终止妊娠的法条居然保留了。

由于国会通过《母体保护法》，因为强暴等犯罪事由而受孕、怀孕本身会严重影响母体健康者，或经济条件无法负担者，可以合法终止妊娠。所谓"经济条件无法负担"意指继续怀孕一事会对父母的经济状况带来严重影响。

当年《优生保护法》颁布时，日本正处于混乱时期，百姓饥寒交迫。加上回国的侨民，人口大幅增加，形成严重的社会问题。现在虽然日本生活水平已经大幅提高，政府却完全无法遏制人口锐减。从那时到现在，终止妊娠的理由几乎都是"经济状况无法负担"。

真要追究起来，以经济状况为由放弃生命，应该是极度严重的社会问题。最后却因为民主运动团体与女性主义团体的强烈反对，无法修改该法条。难道是因为胚胎的生命没有人类重要，所以用经济状况来衡量也可以吗？另外，使用计划废弃的剩余胚胎组织来培养胚胎干细胞（仅使用预定废弃的胚胎。这种胚胎是体外受精后冷冻保存的受精卵。预定废弃是因为胚胎的所有人，即胚胎的父母亲申请废弃），等于是破坏将来可能成长为人类的受精卵。然而，强烈反对使用废弃受精卵制造胚胎干细胞的人，却能容忍以贫困为由放弃在子宫中逐渐成长（且将来可能成长为正常人类）的胎儿。这种态度未免也太前后矛盾、不合逻辑了。

山百合园事件

日本跨党派议员联盟在 2012 年汇整了两项尊严死法案，当时新闻报道得仿佛会马上向国会提出似的，但直到现在他们还没有任何动作。

暂停提出法案的原因之一是 2016 年 7 月发生了攻击智力发育迟缓人士的"山百合园事件"。津久井山百合园是一家专门照顾智力发育迟缓人士的服务安养机构，位于神奈川县相模原市。嫌疑人 U 曾经在此工作 3 年。

这起事件造成 19 名智力发育迟缓人士遭到杀害，27 人轻伤或重伤，事态凄惨，带给社会大众强烈冲击。

嫌疑人 U 把这些无法正常沟通的智力发育迟缓人士称为"失心者"，案发前 5 个月寄信到众议院议长大岛理森的公邸。他在信里主张要"建立多重残障人士可以安乐死的世界"云云。之后警方前往山百合园通知此事，嫌疑人 U 自愿离职，被强制住进精神科病房。

新闻媒体也报道嫌疑人Ｕ表示自己"吸收了希特勒的思想"。德国纳粹曾经基于优生学思想执行安乐死政策。接受警方侦讯时，他也提到："明明这个社会需要安乐死制度，政府却迟迟不肯制定。"

他似乎坚信世上有很多"不值得活着的人"。犯案时也执拗地询问职员究竟哪些人能沟通，哪些人又无法沟通？我认为这是他判断该不该杀人的"合理标准"，不能单纯认定他犯案只是因为"疯了"。

小松美彦认为，嫌疑人Ｕ犯下的案件是"反映日本社会动向的真实镜子"（《名为"自决权"的陷阱》）。虽然他的行动没有任何足以正当化的理由，但在互联网上却引发不少共鸣。

早在"山百合园事件"发生前，"尊严死立法议员联盟"便改名为"尊重末期患者意愿议员联盟"。为了消除大众的反感，避开直面安乐死的问题，以更模糊的说法取代了"安乐死""尊严死"等词。如此一来，就更难以看清问题本质了。

第 5 章

活着准备告别

怎么活，就怎么死

淀川医院医生柏木哲夫在其著作《聆听迈向死亡的患者心声》中写道："人怎么活，就怎么死。"这句话呈现了生命的艰辛困苦，却也点出了人生哲理，我听了以后恍然大悟。

他在书中写道："与家人感情好的人会在亲情围绕下离开人世，与家人疏远的人则在疏远的状态下死去……平常的相处模式会反映在送终的过程。"

如前文所述，无论是蒙田在《随笔集》引用西塞罗、塞涅卡等罗马时代哲学家的名言，还是日本名著《叶隐》，这些讨论生死问题的书，其主旨都是"人要时刻做好死亡的准备"。

《随笔集》成书于 16 世纪，《叶隐》是 18 世纪的作品，但两者却有不少相似的隐喻。

蒙田的时代也好，《叶隐》的时代也好，死亡对这两个时代的大众而言都近在咫尺，伸手可及。许多人的生命转眼间灰飞烟灭。尽管如此，人类对生命依旧怀抱一缕希望，相信今天活着，就代表能活到明天。在这种时代下写成的书告诉现代人的教训，就是要时时刻刻准备好面对死亡。

我很喜欢历史小说，尤其是以古代为背景的新创故事。

小说《受死》因为作者隆庆一郎（1923—1989 年）的过世而成为未完之作，主角也是一名典型的遵守《叶隐》规矩的武士。主角名叫"斋藤杢之助"，他的一天始于"死亡"，也就是每天醒来时在被窝里就巨细无遗地想象自己的各种死法。所以，他每天都把自己当成一个"死人"去活着。

假设一头巨大的老虎突然跳到面前，把自己从头撕扯成两半。老虎的利齿并未咬碎头颅，而是用爪子撕裂全身，所以他不是当场立刻死亡，而是明确感到疼痛后逐渐死去。这种做法类似现代人的心理练习。

"为了避免突然面临死亡时狼狈不堪，每天想出一种新的死法，以及想象自己以这种方式死去的模样。如果没能想出新的死法，就把之前想过的死法重新想象一遍。

奇妙的是，早上起床时先想象一次自己是怎么死的，他的身心反而不再受到束缚，一整天都过得轻松愉快。仔细想想，杢之助离开被窝时已经是个死人了。死人怎么会烦恼忧郁呢？"

书中所描述的是一种极端的"生死观"。作者本人在开头的说明是：死人没有什么好怕的，所以能活得随心所欲。

小说开头出现的"作者"，会令人联想到隆庆一郎本人。在第二次世界大战战况日益激烈时，他还在读书时就被迫上了战场。他把阿蒂尔·兰波（Arthur Rimbaud）的诗集《地狱一季》（*UNE SAISON EN*

ENFER）夹在一本《叶隐》里带去战场，却因为缺少读物，连《叶隐》也翻阅起来，结果深受吸引，吸收内化成思想的一部分。他在作品中提到，战争结束后很长一段时间再没翻开《叶隐》，后来重读，发现还是深受感动。

如果死后又获得重返人间一天的机会，该怎么度过这一天呢？主角每天想象自己的死法，可以说是一种极端的锻炼方式。所谓准备死亡或许就是这么一回事。

如何活在当下

第二个例子是山本周五郎（1903—1967 年）的短篇小说《不可轻忽》。

在某个诸侯领地的一家道场里，有个徒弟剑术高强，却总是拿不到师父传授的秘笈。眼看其他技术不如他的徒弟都纷纷拿到秘笈，他越想越不开心，终于有天跑去质问师父。

师父默默地走向他的房间，打开壁橱，拿出肮脏的内衣和用纸包装的糖果；又伸手摸了一下高处的横条板，结果手指头都因为灰尘而染黑了。徒弟看了，羞愧地低下头来。

师父做这些事意在询问徒弟：如果有一天突然离开人世，你是否能走得不羞不愧？

想要怎么死，其实就是要怎么活。我觉得现在流行的"断舍离"恰巧反映了这种精神。

这个问题进一步延伸，其实是如何评价自己以往的人生。你完成了多少梦想，又实现了多少愿望，达成了多少目标？你留下了什么遗憾，又是否对人生感到满意呢？如果能回顾检视人生到这一步，那就算是很了不起的临终了。

然而，现实生活却是我们连壁橱都不见得能收拾干净。打扫整理不该是临时慌张做的事，而是平常就该认真执行。东西一旦多了，反而提不起劲去面对。正确的做法是，每天拨出一点时间整理清扫。这种生活方式，可以说就是《叶隐》的精神。不过我现在虽然说得满口大道理，但自己也没做到，真是很不好意思。

准备死亡最重要的一点，与其说是如何迎接死亡，倒不如说是如何珍惜当下。

平常都不见得能做到这些事情，更别提在卧病在床，无法动弹，必须躺在床上等死时，更是难以思考今天要怎么度过，以及能否做到前文提及的心理准备了。

死亡不该是一种禁忌

如前文所述，思考如何画下人生句号时，清楚交代遗言，也是回顾人生的重点工作。家人还在就交代家人，或告知值得信赖的朋友也行。如果亲近的人都已过世，就把遗言写成文字，记录下来，谁看了都能知道该如何执行。

正因为已经没有任何亲密的人能代为处理，更应该思考无法清楚表达意愿的可能性，事前做好准备就更显得重要。

阿尔冯斯·德肯（Alfons Deeken，1932—2020 年）是上智大学的荣誉教授，他早在 30 年前便开始提倡"为死所做的准备教育"。他本身个性开朗，一直以开放的态度介绍这一门学问。

刚开始举办讲座时，不少人因为主题是"死亡"而心生抗拒。虽然还不到普及大众的程度，但至少逐渐为人所知。许多人失去挚爱的家人后，都通过阿尔冯斯的活动获得了帮助，"为死所做的准备教育"也显得越发重要。

死亡不是一种禁忌，不该特别避开，而应该进一步了解。了解人类哀悼亲人过世的过程，也是为自己的死亡做准备。这些行为，其实都与"好好活在当下"有关。

我们生活在死亡远离生活的时代，深入了解他人的死，或许可以说是一种"必备修养"。

英语"sympathy"一词，原本是"共同承受痛苦"之意。护理学校等机构，有时会提醒学生"不要同情心（sympathy）泛滥"，建议用"empathy"取代"sympathy"。两者意思很相近，"empathy"也是共同承受痛苦（pathos）的"共苦"，不过通常翻译成"同理心"。

为了培养同理心，我觉得年轻人趁上大学之前或其他合适的时机去安养院之类的照护设施实习个一年也是不错的经验。有些国家还有普遍兵役制度。日本的年轻人很幸运，不用去当兵，但是用贡献社会代替当兵，对年轻人来说也是很好的锻炼。

年轻时有机会接触临终的人，是非常宝贵的经验。了解这些人的悲伤，或发现迎向死亡的过程中也有欢乐，这些都是人生的一部分。同时也能明白，自己在送终过程中帮不上对方任何忙。这些不仅是难得的体验，也是未来自己迎向死亡时的重要准备。

人是唯一会思考死亡的动物

人类是唯一能意识到死亡的动物。虽然大家常说大象会去找地方等死，猫死的时候不想让饲主看到等，但就动物行为学而言，这些行为并不代表动物能意识到自己即将死亡。

野生动物的世界并不存在"年老"的概念，准确地说，不存在"年老的个体"。

野生动物的年老就等于死亡。老去的动物很快就会死，所以人类遇不到年老的野生动物。

"年老"不过是当死亡迫在眉睫时，快速迈向死亡的过程。野生动物的晚年都非常短暂。所有生物中应该只有人类依靠自己的力量延长了晚年时间。

人类应该也是唯一一会在活着的时候思考死亡的动物，凝视人生的终点。不知道该说是幸还是不幸，人性就是建立在这个基础上。

想想实在是不可思议，人从一出生就在朝死亡迈进。刚出生时当然没有人会注意到这件事，但长到一定的年龄，我们自然会意识到死亡。我们享受人生的同时，也背负着这种宿命。

小汉斯·荷尔拜因（Hans Holbein der Jüngere，1497—1543 年）和丢勒（Albrecht Dürer，1471—1528 年）等德国画家的画中经常出现骷髅，这在日本人看来非常诡异可怕。然而，欧洲人从中世纪到近代初

小汉斯·荷尔拜因的画作《大使》（*The Ambassadors*）中藏着一个变形的骷髅（下图为还原后）（图片来源：Wikipedia）

期，经常把几个真的骷髅放在餐桌上或书房。

就连不熟悉拉丁语的人也可能听过一句话——"memento mori"，意思是"记住你终有一死"。

无论是古典绘画还是音乐，死亡都是屡见不鲜的主题。"骷髅之舞"（danse macabre）便是其中一例。圣桑（Charles Camille Saint-Saëns，1835—1921）曾经写下同名的交响诗，柏辽兹（Louis Hector Berlioz，1803—1869 年）的《幻想交响曲》第 5 乐章与李斯特（Ferenc, Liszt，1811—1886 年）的《死之舞》（Totentanz）引用了格里高利圣咏（Gregorian Chant）《神怒之日》（Dies irae）阴郁的旋律。许多音乐家都曾经把这段象征死亡的旋律编进自己的作品当中，例如帕格尼尼（Niccolò Paganini，1782—1840 年）、柴可夫斯基（Пётр Ильич Чайковский，1840—1893 年）、马勒（Gustav Mahler，1860—1911 年）和德彪西（Claude Achille Debussy，1862—1918 年）。

每当瘟疫（现代的说法是"传染病"）肆虐时，社会大众不得不面对死亡。例如，14 世纪鼠疫大流行时，欧洲受害尤深，据说当时失去了 1/3 的人口。

社会在短期之内失去大量人口，社会结构被迫改变，民众的意识自然也出现剧烈变化。一派走向活在当下的享乐主义，不再期盼未来；另一派则是严肃面对随时可能死亡的事实，尽量累积善行。这两种情况都显示了人性的其中一面。

　　有趣的是，欧洲几乎每 300 年便会流行一次鼠疫，这也带动了文学巨著的诞生。前文提到 14 世纪鼠疫盛行时，薄伽丘提笔写下《十日谈》，17 世纪是

罗马神庙外的瘟疫患者（素描画，约 19 世纪末）（图片来源：美国国会图书馆）

笛福的《大疫年日记》，19 世纪则是加缪的《鼠疫》。
由此可知，就连以钻研人性为基础的文艺界也深受
死亡的影响。

可以选择死法的社会

死亡在古人眼里稀松平常，所谓的生死观，不
过是思考下辈子云云。现代社会却是每个人不得不
思考自己想要怎么死。

现代人就算罹患重病，也能在医疗的协助下生
活一段时间。当医生告知有办法治疗时，患者对生
命多少也有些眷恋，思考自己"究竟还能活多久？"

然而，当"究竟还能活多久"变成"怎么总也
死不了"时，对当事人而言实在是大不幸。

正因为出现有人烦恼自己"总也死不了"，欧
洲的各国等先进国家对死亡的态度才会明显转变成
"想死，就自己负起责任决定去死"。选择死亡的动
机，除了肉体不健康之外，也逐渐扩大至心灵的不

健康。

　　观察荷兰和比利时的案例与日本的差异，果然，在于这两个国家在近代都经历过建立公民社会的过程。

　　公民社会的组成分子是独立的公民，必须百分之百尊重每一位公民的独立性，任何人都不能挑战这项大原则。尽管多少有些事由必须另行斟酌，大原则还是完全尊重每一位公民的个人决定，而且原则不会动摇。

医生要具备的决心

　　如前文所述，日本和比利时、荷兰差不多在同一时期开始出现"安乐死"一词，也发生了不少相关事件，这些事件自然也成为刑事案件，引发众人屡屡议论。

　　日本把消极安乐死称为"尊严死"。社会过去缺乏尊严死的概念，到现在却是尊严死的相关案例比比皆是。目前社会已经形成一定默契，患者可以拒绝过度医疗，选择自然死亡。尽管已经达成一定的共识，却尚未进入立法阶段。

积极安乐死，包括知名剧作家桥田寿贺子的提议和保守派评论家西部迈的自杀事件。尽管西部迈自杀事件闹得沸沸扬扬，但自从"东海大安乐死事件"发生以来，日本对积极安乐死并无任何动作，期盼安乐死的人也一直无法如愿。

我觉得在现在日本社会的氛围下，很难做出立法规范安乐死的决定。

每当思考这个问题时，我总是不禁站在医生的角度。

医生这个职业必须承受层层痛苦。医生的天职是拯救生命。每个医生都希望自己能挽救患者性命，解除患者痛苦。然而，实际当医生之后便会发现，自己的力量其实十分渺小，比起救起来的生命，无法拯救的人数是前者的几倍甚至几十倍。这是医生这一职业的第一种痛苦。

第二种痛苦则是面对患者生不如死时，唯一的解决方式却是送对方离开人世。救命与夺命的矛盾，更是给医生带来多层痛苦。明明工作的目的是救人性命，却得为解除患者痛苦而结束他们的生命。做到这个地步，想必得痛下决心，执行后还会受到良心苛责。我相信没有人有资格责备这些秉持"共苦"心态执行安乐死的医生。然而，不能因为如此，便强求医生执行安乐死。

荷兰就出现好几个医生执行安乐死后心灵难以承受的案例。此外也有部分医生因为安乐死立法已经通过，把给予患者处方致死药物当成日常工作的环节，公事公办，不带任何私人情绪。

反过来说，立法通过安乐死之后，确实可能会出现把安乐死当成例行公事的风险。我觉得安乐死倘若沦为例行公事，则代表这个社会已经病了。

对期望安乐死的人而言，能遇上愿意"共苦"的对象，那是再幸福也不过了。医学院等教育机构，也必须提前教导学生做医生时可能会遇上得执行安乐死的场面。宣告死亡是医生独有的特权，因此希望在培育过程中协助学生做好心理准备。

　　前文也曾提到父亲告诉我"六只眼睛之下"的话，是希望我想清楚当医生必须要做好心理准备。

　　第一个心理准备是，拯救人命必须全力以赴。第二个心理准备是竭尽全力也不见得能拯救所有人的性命，死去的患者比救回来的人数更多。第三个心理准备是对患者的痛苦有同理心，就算得违背当医生时所发的誓，也必须让患者走得安详。父亲告诉我，当医生就是得做好这几项心理准备。

　　就像前文所述，我觉得自己尤其做不到最后一项心理准备。当时第二次世界大战已经结束，我很幸运不用上战场。即使是正当防卫，我也不希望自己为了保命而杀人，也不觉得自己下得了手。镰仓时代的日本佛教著作《叹异抄》中有句话："我有良心，所以不能杀人。"做人做事必须符合伦理规范，杀人不符合伦理规范，所以禁止自己杀人。这种说法合理且单纯。然而，我之所以不杀人，只是因为我胆子小，并没有勇气夺走他人的性命。

　　我没有继承父业选择医生的工作，最大的原因是我在高中时便罹患肺结核。不过，深入探索自

已的内心，真正的理由是做不到父亲提出的心理
准备。

　　不过，我又觉得，要求别人做到自己因胆小而
下不了手的事，未免过于自私了。这种内疚的心理
一直萦绕在我的心头。

　　无论是哪个时代，当医生的人都必须做好患者
把生命交到自己手里的准备。虽然我期盼医学院
等教育机构能培育学生做好心理准备，但目前的医
学教育却认为只有延后患者死期才有意义。我很
担心日本现在的医学教育会忽略这些重要的心理
准备。

　　例如，"末期镇静"便是一种非常日本式的折
中方案。日本缓和医疗学会虽然强调"末期镇静不
是安乐死"，但我再三提醒读者，末期镇静的功能
其实与安乐死相差无几。末期镇静包括从失去意识
后到死亡的过程。光凭这点就能明显看出两者相差
无几。

公民思考的时期

日本人总是习惯遵从制度或社会风俗，而不敢自行决定。我想，这应该是过去习于听从天皇或将军的指令，导致的习以为常的结果。既然法律制度如此规定，那我们照着做就是了。不参与讨论，而是遵循已经做好的决定。许多人认为，服从规定比自己冥思苦想要容易，因此任由政府设定安乐死的标准，这是一件很危险的事。

原本日语里的"公"字指"大房子"，掌权者住的房子。例如，皇室的另一个说法就是"公家"，过去皇室就是所谓的"公"。在朝当官的人称为"公卿"，所谓"公事"指的是朝廷的政务。江户时代，掌权机关从皇室转变为幕府。江户幕府的基本法典叫《公事方御定书》。日语里的"奉公"一词，原本指的是为朝廷效命，到了近代则转变为掌权阶级效命。"公"引申出的意思是"表里"的"表"，因而衍生出"社会""体面"等意思。这种情况下，标准是"他人的眼光"，重点放在"表面上"。顺带一提，"公园"一词出现于 1870 年前后，是"public space"的日语翻译（白幡洋三郎《庭园之美，造园之心》）。由此可知，从幕府时代末期到明治时代初期，日本人慢慢养成把"public"译为"公"的习惯。

无论如何，日本一说到"公"这个字，一般想到的都是"政府、朝廷、幕府"或"不包括自己在内的权威"，而不是西方人口中意指"公民、公共"的"public"。思想家、教育家福泽谕吉（1835—1901 年）在西方思想的影响下严格区分"公"与"私"一事脍炙人口。然而，他把"public"翻成"公"的时候，难道不曾有过迟疑？

同一个社群的成员，在面对某个问题时，经由彻底讨论再做出结论。当这个结论是多数人的共识时，通常反对派也会愿意接受。然而，关于自己"生命"的决定，只要结果不会危害他人，就算违背社群共识，也应该为社群所接纳。我相信近代公民社会伦理是建立于"公民"的概念，因此安乐死的相关问题，现在已经到了必须由"公民"思考和行动的阶段。

现在早已过了交由他人判断的时代。日本人必

须自行负起责任，认真思考自己究竟想怎么样为人
生画下句点，而非任由他人决定。这其实也是对自
己的最大尊重。

打造宽容的社会

下结论往往是件困难的事，但不说清楚自己的
意见，恐怕会遭人批评为胆小懦弱。其实如前文所
述，我并不是完全反对安乐死或医助自杀。

当前，日本政府对立法解除安乐死或医助自杀
禁令一事犹豫迟疑。其中一大理由是认为缺乏充分
的社会共识。当然凡事不是达成社会共识就能执行
的。社会共识是法律等成立的必要条件，但不是唯
一条件。另一个问题是先前提到的日本社会如何认
知"公"的概念。日本人的习惯是，一旦政府决定
了就会尽量遵守。这种民族性有时是"优点"，但遇
上关于安乐死立法时，这个"优点"却可能变成缺点，
叫人不得不担心。

　　我期盼日本社会面对安乐死与医助自杀等问题，不要钻牛角尖，觉得是唯一的出路，应该出现更多不同的声音。我恐不久于人世，希望通过本书促使"宽容"二字所代表的价值观能深深扎根于日本社会，发挥实际的作用。

长期思考死亡的心得

　　前文提到的许多案例证明现在的日本是一个"总也死不了的时代"，不过我在最后一节还想补充一点。死亡在过去虽然是一个线性过程，但人类被死亡左右的时间却较为短暂。由于医疗技术不够先进，帮助有限，重症或重伤患者往往不久于人世。治得好就治得好，会死就是会死。两者之间没有灰色地带。

　　第二次世界大战及其前后，战争和饥饿是死亡的重要原因。第二次世界大战结束时，我还是小学生，自然不会去思考如何面对死亡，但回想起父母的情况，他们应该也不曾思考过死亡，或者在家讨论过这个话题。那时我们最关心的是想尽办法活下去，根本没空思考死亡。

时代已经不一样了，尽管天灾人祸依旧是必须考量的重大死因，但现代人已经不会仓皇赴死。就连得了重病，也会因为医疗技术与照护方式进步，延长卧病在床的时间。

正因如此，人类获得了一段不得不思考死亡的

在大阪河边沉思的老人（图片来源：Brian Merrill/Pixiabay）

时间。夸张点儿说，我之所以能提笔写下这本书，也是由于时间宽裕。相较于以前的人，我们是幸运的一辈。

思及此，我更觉得必须感谢自己活在这个"死不了的社会了"。我曾克服了人称"绝症"的结核病，现在虽然罹患癌症，但还是得以享受被医疗进步所延长的人生。我对此由衷感激。

我对"死不了的社会"怀抱着感激之情，同时勇敢面对其中必须改善的情况，并且希望自己能永远保持这种心态。这是我为本书所下的结论，我就在此搁笔了。

后　记

　　距离前一本书《"死亡"临床学》面世已经快两年。文艺春秋出版社编辑部的稻田勇夫先生一年前拜访我，建议我延续上一本书的思路来写作新书。我满怀感激地接受了他的提议。

　　本书属于"文春新书"丛书，读者群体应该相当广泛，并且必须符合当下的时代需求。在这两项限制下，还得提出具有说服力的说明，来解释这个麻烦的主题。我实在不习惯这样的工作，多亏稻田先生伸出援手，找来责编佐久间文子女士访问我。她的贡献足以称为合著作者。

　　佐久间女士和稻田先生屡次拜访寒舍，记录下我笨拙的发言并恰当提问，引导出我的更多想法。

　　不仅如此，佐久间女士写完稿子之后，还自行查询资料，确认信息是否正确。

稻田先生与其他校对人员不仅更新信息，还倾力从不同方面协助改善本书内容。本书当然文责自负，却也是稻田先生、佐久间女士及其他相关人士共同的心血结晶。

　　对今后的日本社会而言，本书探讨的内容是一个沉重的难题。所有人都无法逃避这个难题所带来的影响。

　　我无法自豪地说提出了解决方案，也不觉得我的意见就是醒世恒言。最后稍微值得骄傲的是在拙作中提出了几点要素，以帮助每个读者找出属于自己的答案。

村上阳一郎

埃博思

翻 开 生 命 新 篇 章

埃博思丛书　　医学与文明